MULHERES AMBICIOSAS GANHAM MAIS

Aprenda que a ambição não é um defeito,
é uma virtude

(def.) uma mulher que:

1. *Ganha mais dinheiro.*
2. *Tem mais poder.*
3. *Consegue o reconhecimento que merece.*
4. *Tem a determinação para lutar por seus sonhos e é capaz de realizá-los com integridade.*

Vamos recuperar a ambição como uma virtude.

MULHERES AMBICIOSAS GANHAM MAIS

Aprenda que a ambição não é um defeito, é uma virtude

DEBRA CONDREN

TRADUÇÃO DE
Irati Antonio

Editora Gente

Editora
Rosely M. Boschini

Assistente editorial
Rosângela Barbosa

Produção
Marcelo S. Almeida

Capa
W-Design

Projeto gráfico
Neide Siqueira

Copidesque
Editora Gente

Preparação
Catarina Ruggeri

Revisão
Ana Cortazzo

Editoração Eletrônica
Join Bureau

Título original: *Ambitchous*

Rua Pedro Soares de Almeida, 114
São Paulo, SP - CEP 05029-030
Telefone: (11) 3670-2500
Site: http://www.editoragente.com.br
E-mail: gente@editoragente.com.br

Dados Internacionais de Catalogação na Publicação (CIP)
(Câmara Brasileira do Livro, SP, Brasil)

Condren, Debra
Mulheres ambiciosas ganham mais: aprenda que a ambição não é um defeito, é uma virtude / Debra Condren ; tradução Irati Antonio. — São Paulo : Editora Gente, 2007.

Título original: Ambitchous.
ISBN 978-85-7312-544-3

1. Ambição 2. Mulheres executivas – Manuais, guias etc. I. Título.

07-2054 CDD-658.409082

Índices para catálogo sistemático:

1. Mulheres executivas ambiciosas : Administração executiva 658.409082

Para Devin, Stephen e Jake,

meus pais, Marjorie e Tommy Condren,

Ella Martin Boyes Daily

e The Girlfriends

Vamos recuperar a ambição como uma virtude:

Mulher ambiciosa: (def.) uma mulher que:

1. Ganha mais dinheiro.
2. Tem mais poder.
3. Consegue o reconhecimento que merece.
4. Tem a determinação para lutar por seus sonhos e é capaz de realizá-los com integridade.

Nota da autora

Várias mulheres compartilharam comigo histórias pessoais e opiniões a respeito da ambição, e todas foram incorporadas a este livro. Alguns desses depoimentos foram reescritos e representam um conjunto de relatos de muitas mulheres. Com o objetivo de preservar a identidade das pessoas envolvidas, certos nomes e características individuais das mulheres aqui retratadas foram alterados de modo que qualquer semelhança com qualquer pessoa, viva ou morta, será simples coincidência. Para os relatos mantidos na sua forma original, cada mulher foi identificada por seu primeiro e último nomes. As idéias, técnicas e orientações contidas neste livro não pretendem substituir o aconselhamento com um profissional qualificado.

Sumário

Parte I
A ambição é uma virtude 11

Um Não seria ótimo? 13

Dois Uma palavra que faz a diferença 31

Três Ambição honrada? 41

Quatro Aceitar sua ambição faz de você uma pessoa melhor 53

Parte II
As regras da mulher ambiciosa 59

Cinco Pare de sabotar a ambição 61

Seis Regra nº 1 da mulher ambiciosa: seja uma lutadora 65

Sete Regra nº 2 da mulher ambiciosa: torne-se uma profissional melhor com a melhor orientação 89

Oito Regra nº 3 da mulher ambiciosa: não tenha medo do confronto 105

Nove Regra nº 4 da mulher ambiciosa: faça-os pagar o quanto você vale 117

Dez Regra nº 5 da mulher ambiciosa: seja muito mais responsável com você mesma 135

Onze Regra nº 6 da mulher ambiciosa: não abra mão de seu poder 155

Doze Regra nº 7 da mulher ambiciosa: neutralize os provocadores 165

Treze Regra nº 8 da mulher ambiciosa: você merece estar aqui 177

Parte III

Você tem apenas uma única e preciosa vida – ouse ser grande 193

Catorze Mulher ambiciosa para sempre 195

Quinze A integração da ambição: é o desequilíbrio, não o equilíbrio, que faz uma vida completa 207

Dezesseis Ouse ser grande 225

Parte I

A ambição é uma virtude

Um

Não seria ótimo?

Ela é um produto do cinema, da literatura e da televisão: uma grande executiva em seu poderoso *tailleur* Armani e *escarpins* Prada de salto alto. É inteligente, bem-sucedida, sabe se impor – e a maioria das pessoas mal pode esperar para vê-la receber o que bem merece. Quando cair de seu pedestal, devido ao seu mais recente fracasso nos negócios, ou quando um escândalo lançá-la às manchetes dos jornais, parecerá justo que ela esteja ajoelhada no chão.

Sejamos honestas: existe apenas uma palavra em nossa cultura para designar a mulher extremamente ambiciosa que, sem qualquer sentimento de culpa, valoriza a sua carreira: *piranha*. Esse é o nosso paradigma cultural predominante: homens ambiciosos são empreendedores, mas as mulheres ambiciosas são piranhas.

A temporada de caça às mulheres ambiciosas está aberta há muito tempo. Já se vão quase vinte anos desde que Madonna fez a então ultrajante declaração de que queria dominar o mundo. Apesar de ter realizado grande parte de sua aspiração com um império multimídia incrivelmente bem-sucedido, as histórias veiculadas pela mídia sobre suas supostas excentricidades (como seguidora da cabala, tão em moda atualmente, as novas personagens que inventa para si, os beijos que dá em outras mulheres a fim de estar nas manchetes ou, ainda, como uma mãe não-convencional) excedem em dezenas de vezes as matérias que abordam seus triunfos empresariais. Jennifer Lopez, sua réplica mais atual, recebe o mesmo tratamento, com muito mais reportagens sobre sua roda-viva amorosa do que sobre sua habilidade empresarial, que inclui uma bem-sucedida linha de roupas e de perfume, além dos sucessos como atriz e cantora.

Quando Carly Fiorina foi destituída de seu cargo de presidente e CEO (chefe-executiva de operações) da Hewlett-Packard, quantas pessoas, mulheres e homens pensaram que ela teve o que merecia, seja porque havia perdido a noção do fato de ser uma mulher e de ter superdimensionado suas ambições, seja porque deveria ser castigada por ter esquecido suas raízes femininas e seu afeto fraternal durante sua ascensão ao topo? Ah! E o que mais falta a Carly? Ela abriu mão de ser mãe.

Entretanto, toda vez que a mídia divulga uma entrevista com uma profissional que abriu os olhos e planejou sua licença para ter filhos, todo mundo respira aliviado: enfim, essa mulher entendeu o que *realmente* é importante nesta vida.

Não causa surpresa tantas mulheres desejarem e, ao mesmo tempo, temerem suas ambições.

Não seria ótimo se elas pudessem ignorar o que a nossa cultura pensa sobre as mulheres altamente realizadoras e eliminar o fator medo de seus planos de ambição? Imagine como isso mudaria toda a nossa perspectiva.

Pode imaginar?

Não seria ótimo se você pudesse recuperar e redefinir o conceito de ambição em seu sentido mais positivo e glorioso? Não seria ótimo se você pudesse olhar-se no espelho e dizer: "eu sou ambiciosa", com orgulho e sem qualquer hesitação? Não seria inspirador se você pudesse reconhecer com absoluta clareza, para você e para os outros, que tem grandes objetivos profissionais? Imagine como seria ótimo se pudesse experimentar tudo isso como uma virtude, e não como um vício.

Já pensou no enorme alívio em saber que você é *ótima* no que faz? E se aprendesse a calar – e neutralizar – aquela desagradável voz crítica interior que às vezes a adverte dizendo: "Cuidado... quem você pensa que é? Você não pode dar um passo maior do que a perna. Você é uma incompetente rumo a uma humilhação implacável!" Não se sentiria maravilhosa se pudesse afrontar essa voz hesitante em sua cabeça, que a acusa de não ter ganhado seu lugar na mesa dos grandes, de não merecer a sua parte de poder, o reconhecimento, o crédito – e o dinheiro? Imagine como seria emocionante se você pudesse alcançar aquela mesa de poder com um sentimento tranqüilo de competência profissional e uma voz interior que diz: "eu trabalhei duro para estar neste lugar. Eu mereço. Agora é a minha vez de brilhar".

Não seria maravilhoso sentir-se bem, sem desculpa e sem medo, por ter a garantia de que você recebe o devido reconhecimento por suas válidas contribuições? Já pensou em como se sentiria ótima caso pudesse participar de uma reunião para conseguir o merecido reconhecimento por seu trabalho, sem sentir-se culpada por isso, e também saber como recuperar o crédito roubado que é seu por direito? Como seria se você tivesse a habilidade, a autoconfiança e o estômago para confrontar alguém que, descaradamente, tentasse se apossar de suas idéias? Como seria se pudesse fazer tudo isso com graça e serenidade que lhe permitissem não só adquirir amor-próprio, mas também a admiração de seus colegas? Pense em como seria ótimo libertar sua ousada e ávida voz para dizer: "eu sou ambiciosa", com orgulho e sem reticências. Sem se preocupar com o que os outros vão pensar, pois *você* sabe que é uma mulher decente e ética que age com integridade. E sem ter receio de que as pessoas lhe vejam como uma verdadeira piranha, egocêntrica e agressiva, que circula pela empresa fazendo incontáveis inimigos por onde passa. Não seria fantástico se você pudesse, finalmente, tentar alcançar seus sonhos expressando suas mais profundas ambições, sem sentir-se culpada ou sem acreditar que, assim, você negligenciaria o marido, um filho, a família ou os amigos? Veja como seria incrível considerar sua determinação para lutar pela carreira de seus sonhos como um atributo – ou melhor, como um justo tributo – da *melhor* parte de quem você é como mulher.

Não seria maravilhoso ser uma mulher ambiciosa*?

Bem, você pode e deve ser. Se não for, deixará que sua melhor parte, a parte que o mundo merece receber de você, apodreça em um porão. Vamos deixá-la vir à tona. Este livro lhe mostrará por que você deveria ser uma mulher ambiciosa – e como pode ser essa mulher agora.

Seja mais, não menos, ambiciosa. Prefira a harmonia, não o equilíbrio

Este é um livro sobre como redefinir sua ambição diante das sanções sociais e, sem remorso, lutar por seus sonhos. Eu o escrevi para encorajá-la, leitora, a ser mais, e não menos, ambiciosa. Estou aqui para dizer que você não deve sacrificar – ou "equilibrar" – sua ambição para conseguir uma vida maravilhosa. Esta obra revelará a você que o verdadeiro caminho para construir uma vida plena é ver a sua ambição como uma virtude – uma parte de seu conjunto de valores para a qual você deve dar a mesma atenção que dá a tudo o que é mais precioso em sua vida, incluindo marido, filhos e amigos. Nossa cultura ensina as mulheres a se anularem, a colocarem o desejo e as necessidades dos outros em primeiro lugar. Poderia haver definição mais confusa e contraditória para a auto-satisfação? Não é sem razão que abrimos mão de nossos sonhos! Aqui, você verá que para ser uma mulher plena e melhor é preciso permanecer fiel ao seu ego mais ambicioso sem ceder às pressões sociais e sem colocar a sua ambição em último lugar, após todas as outras prioridades de sua vida.

---

* Para referir-se ao sentido pejorativo relacionado a mulheres ambiciosas, a autora usa a expressão *amBITCHous*, uma fusão das palavras da língua inglesa *ambitious* (ambiciosa) e *bitch* (cadela, meretriz). A edição brasileira optou por usar a expressão simples e direta "mulher ambiciosa". (N.T.)

Você pode não acreditar, mas trabalhar duro para realizar suas ambições facilitará o equilíbrio da roda-viva entre família, carreira e vida social. Existe outro modo de ver as coisas que a tornará mais feliz, mais realizada no trabalho e mais satisfeita pelo resto de sua vida. Existe outro modo de pensar em como alcançar a grande e inspiradora carreira de seus sonhos e tudo o mais que você preza em sua vida. Existe outro modo de seus planos tornarem-se realidade – mais recompensador e menos estressante.

Estou aqui para lhe dizer que todas as suas prioridades – sejam metas profissionais, sejam pessoais – podem se ajustar harmoniosamente. Mostrarei a você, da mesma forma que mostrei a milhares de mulheres com quem trabalhei ao longo dos anos, como ganhar mais dinheiro, alcançar a credibilidade e o reconhecimento que merece, ter mais poder e ser tão ambiciosa quanto deseja. Mostrarei também como ser ambiciosa sem comprometer sua ética e integridade. Você verá que pode sentir-se apta e merecedora de tudo isso sem ter o receio de se arriscar e sacrificar o desejo de uma vida pessoal plena e feliz e sem medo de perder o respeito como mulher. Foi assim comigo. Foi assim com as incontáveis mulheres ambiciosas as quais orientei. Será assim com você.

Por que você deveria confiar em mim?

Você pode estar se perguntando: "Quem é essa mulher ambiciosa"? "Por que eu deveria confiar nela?"

Sou psicóloga empresarial e consultora em treinamento de executivos e em gestão de carreira que há mais de quinze anos auxilia mulheres a aceitarem sua ambição e alcançarem seus objetivos profissionais. Como fundadora e presidente da Manhattan Business Coaching, empresa de desenvolvimento profissional que possui escritórios nas cidades de Nova York e São Francisco, trabalhei com milhares de clientes nos Estados Unidos e no mundo. Fui conselheira de uma força-tarefa constituída pela Associação Americana de Psicologia para apoiar o desenvolvimento de meninas adolescentes. Todos os anos, ministro dezenas de *workshops* e palestras sobre a necessidade de as mulheres assumirem, de fato, sua ambição.

Em 1995, fundei a Aliança para os Negócios da Mulher – da qual atualmente sou diretora executiva –, uma organização que vem sendo referência e suporte motivacional para mais de 2.500 mulheres ao longo de doze anos. Criei a Aliança especificamente para ajudar as mulheres a superarem as barreiras que as impedem de alcançar o topo em seus campos de atividade. Em 2000, a Secretaria Nacional de Pequenas Empresas do governo americano reconheceu o meu trabalho com o prêmio "Destaque do ano em defesa das mulheres nos negócios".

Trabalho com todo o tipo de mulher, de estudantes e recém-formadas que ensaiam os primeiros passos a caminho de suas carreiras a mulheres bem-sucedidas nos setores empresarial, governamental e sem fins lucrativos. Conheci proprietárias de pequenas empresas, diretoras de firmas iniciantes, mas com crescimento acelerado, consultoras, médicas, advogadas, financistas, arquitetas, além de executivas e profissionais nos mais diferentes ramos de negócios. Orientei jovens de apenas 16 anos e senhoras próximas dos 60. Qualquer que seja o ponto em que estiverem de suas trajetórias profissionais, minha missão é aumentar a percepção das mulheres para os negócios, ensinando-lhes estratégias com o objetivo de identificar uma atividade interessante e desafiadora; aumentar a rentabilidade; ganhar e manter riquezas; competir com energia e confiança nos setores empresariais tradicionalmente dominados pelos homens; estabelecer-se como especialistas; e usar sua vantagem competitiva.

Mas, à medida que conhecia e orientava milhares de mulheres, comecei a perceber um padrão de comportamento impressionante: mesmo as profissionais mais bem-sucedidas estavam desnorteadas, incapazes de alcançar o próximo nível em sua carreira – e não sabiam por quê. Obviamente, elas tinham consciência dos obstáculos externos ao seu completo sucesso, como a invisível barreira cultural que impede as mulheres de galgar cargos importantes nas empresas, a falta de apoio da família etc.

Contudo, não faziam a menor idéia de que a causa principal da sua estagnação era uma barreira interior que elas mesmas haviam criado.

Baseada em minhas conversas com tantas mulheres, percebi claramente qual era o real motivo que as impossibilitava de seguir em frente. Assim, há sete anos iniciei uma pesquisa sistemática das atitudes profissionais femininas diante da ambição e entrevistei mais de quinhentas mulheres entre 19 e 65 anos de idade de todas as regiões dos Estados Unidos.

Todas essas mulheres consideravam-se grandes realizadoras. Muitas eram calouras, com carreiras promissoras à frente. Outras já haviam alcançado o sucesso. Outras ainda haviam acumulado uma experiência profissional impressionante, apesar de terem ultrapassado algumas barreiras para se estabelecerem em seus campos de atuação. Essas mulheres ganhavam bem, tinham o título e a posição que desejavam ou estavam a caminho deles. Perguntei a todas elas qual era a sua definição de sucesso e de ambição, qual a sua auto-imagem, qual a sua concepção de mulher ambiciosa e o que as impedia de realizar ainda mais e alcançar o sucesso pleno.

Com isso, fiz uma descoberta incrível. Todas as mulheres empreendedoras guardam o mesmo pequeno e triste segredo, qualquer que seja a nossa formação e experiência: todas nós limitamos a nossa ambição pelo que a sociedade espera de nós e não pelo que realmente somos capazes de realizar. Todas nós ouvimos os mesmos e doentios questionamentos internos:

> A ambição me tornará menos mulher? Eu posso? Devo? Atrevo-me? Já fui longe demais? A ambição me custará a vida pessoal? Farei inimigos? Meus amigos e familiares vão sofrer? É impossível ser ambiciosa e feliz? Eu faço por merecer o salário que me pagam? Posso perder uma nova oportunidade se pedir um aumento? Quem eu penso que sou para querer tanto? Ter sucesso profissional fará os meus colegas de trabalho me virem como gananciosa e arrogante? Realmente mereço reconhecimento e poder? É correto lutar pelos meus mais preciosos sonhos profissionais?

Ambição não é uma palavra feia, mas, para muitas mulheres, pode muito bem ser. Não importa onde crescemos, que escola freqüentamos ou onde trabalhamos. É sempre a mesma coisa, independentemente de idade ou de experiência, podemos ter apenas 20 anos e sermos iniciantes em uma nova carreira ou até mesmo profissionais respeitáveis com seus 50 ou 60 anos. Hoje, a maior barreira para as mulheres ganharem mais dinheiro, conseguirem o poder e o reconhecimento vem de antigos preconceitos internalizados. Sofremos ao pensar se merecemos ser ambiciosas ou não – e o quanto essa ambição nos custará.

Em minha pesquisa, procurei uma bibliografia para recomendar e completar meus resultados e considerações. Descobri que a maioria dos livros ensina as mulheres a alcançar o sucesso utilizando termos próprios, com bastante ênfase no tema da vida em equilíbrio. Nenhum deles questiona a idéia de que a definição aceita de sucesso poderia, na verdade, ser prejudicial a elas porque é formulada de um modo muito positivo: "Você não tem que ser descaradamente ambiciosa. Você está acima de tudo isso. É sofisticada o bastante para perceber que a ambição não é tão importante quanto conseguir uma vida em equilíbrio". Ou: "Você não precisa ser ambiciosa do mesmo jeito que um homem é. É capaz de perceber que sucesso é um objetivo diferente – e melhor – do que ambição. Pode ganhar com empatia, cooperação e generosidade. Não precisa deixar de ser mulher para seguir em frente".

Todas as concepções desses livros mostram que a nossa cultura moderna e progressiva não sustenta mais a idéia de que as mulheres não podem ter tudo o que desejam. A mensagem que esses livros e a mídia popular transmitem é: Nós *podemos* ter tudo – desde que estejamos dispostas a redefinir o que é esse "tudo". No momento, não é nem o trabalho esmagador, nem a maravilhosa vida de dona de casa, mas o equilíbrio entre os dois, o que, na prática, significa ter menos de cada um: as mulheres deveriam ficar satisfeitas apenas com uma vida profissional e pessoal bem equilibradas, mesmo que não se sintam realizadas.

Como podemos pensar seriamente na busca de nossos desejos e convicções mais íntimos e descobrir nosso potencial como profissionais, se nossa ambição pura, nunca é explicitamente discutida? São apenas jogos e técnicas para que mulheres aprendam a atingir os seus objetivos.

Decidi escrever este livro para saciar o grande desejo das mulheres empreendedoras por orientações que as levem a assumir sua ambição e vivê-la livremente.

Uma mulher ambiciosa estimula outra

As pessoas sempre me perguntam por que criei a Aliança para os Negócios da Mulher. Como você, tive que lutar para permanecer fiel aos meus sonhos de ambição. Cheguei onde estou hoje porque no começo da minha vida profissional um grupo de mulheres ambiciosas me apoiou e me ensinou. Fui criada no Arkansas, Estados Unidos, onde, na década de 1970, a glória para uma adolescente era se tornar líder de torcida. O colégio em que estudei realizava o Festival da Beleza Sulina todos os anos. Mesmo quando estava no ensino fundamental, as opções socialmente aceitas para as mulheres jamais me motivaram. Simplesmente não estavam no meu DNA. Minha melhor amiga, Tam, e eu sobrevivemos à adolescência mantendo um olhar otimista em nosso futuro como jovens inteligentes que tinham contribuições mais importantes para dar ao mundo do que agitar um pompom ou erguer nossas pernas bronzeadas ao mesmo tempo. Inventamos um mantra para nós: "Fugiremos do Sul". Obviamente, mudar para outra região do país foi a saída.

Quando fui para a universidade no Centro-Oeste, percebi que a geografia não era o obstáculo. Desestimulada pela falta de orientação para encontrar uma carreira interessante, abandonei o curso logo após o primeiro ano. Sem nenhuma ambição, arranjei os mais variados empregos, de vendedora de carros usados a gerente de uma corretora de imóveis. Três anos depois, retornei à universidade e tive a sorte de encontrar um professor que me estimulou a resgatar meu ego ambicioso. Com isso, consegui me formar em sociologia, psicologia e informática.

Casei-me aos 23 anos. Poucos anos depois, meu marido e eu planejamos nos mudar para outra região do país, de modo que eu pudesse começar um programa de doutorado em psicologia clínica assim como estudo psicológico de temas sociais, e para que ele pudesse seguir sua própria carreira. Estávamos prontos para pegar a estrada quando descobri que os métodos anticoncepcionais nem sempre funcionam: eu estava grávida. Em choque, liguei para minha mãe que, maravilhada, perguntou: "Você vai assim mesmo para a Califórnia?" – "É claro!", rosnei.

A educação tradicional de minha querida mãe colocava inquestionavelmente a maternidade acima do trabalho, mas eu não queria sacrificar minhas ambições profissionais para padecer no paraíso. Acreditei que Berkeley, na Califórnia, haveria de oferecer um ambiente mais estimulante para uma mulher ambiciosa do que o lugar de onde eu vinha. De qualquer maneira, segui meus instintos e não contei nem para os professores, nem para os colegas que eu ia ter um filho. Mesmo em um meio promissor como aquele, havia um sinal vermelho indicando que eu não seria levada a sério como candidata ao doutorado, caso as pessoas soubessem que eu estava grávida. Usei roupas largas e dividi meu tempo entre as aulas e o estudo, esperando o momento certo para fazer a revelação.

Como era de se esperar, não tive o luxo de contar do meu jeito. Complicações inesperadas me obrigaram a fazer repouso nos últimos três meses da minha gravidez e, assim, tive de tirar uma licença depois de apenas um semestre na escola. Dei à luz Devin (agora com 18 anos) e voltei imediatamente para o curso, além de trabalhar como contadora a fim de pagar as despesas.

Meu casamento balançou e, então, terminou. De uma hora para outra, eu me encontrava na inesperada situação de mãe solteira, lutando para criar um filho pequeno, completar o programa de pós-graduação e pagar o aluguel da casa e as mensalidades do curso. Nessa época, tive pouca ajuda e nenhuma orientação. Minha vida era uma colcha de retalhos, tinha de encarar todo tipo de trabalho, lutar para cuidar do meu filho e estudar como louca para concluir minha tese de doutorado.

Consegui terminar a tese e o curso em tempo recorde; eu me sentia estimulada a seguir em frente com meus objetivos profissionais e, ao mesmo tempo, apavorada com as dificuldades de sobrevivência. Estava com o coração nas mãos; muitas vezes, meus avanços naqueles anos iniciais eram demorados, devido aos compromissos que tive de assumir para garantir o meu sustento e o de meu filho. Dessa forma, trabalhei com calma e persistência, mantendo sempre minhas ambições no horizonte.

Finalmente, aos 32 anos, minha vida profissional atingiu certa estabilidade. Eu tinha um cobiçado cargo de pesquisadora acadêmica em São Francisco e meu filho Devin já tinha idade para ir à escola, o que significava que ele dependia menos de mim. Além disso, eu havia obtido licença para clinicar e era uma psicóloga de verdade. Embora ainda enfrentasse problemas financeiros, havia luz no fim do túnel.

Entretanto, descobri que tinha interesses diferentes. Inspirada por um artigo sobre o que me pareceu ser um campo estimulante e promissor de trabalho, decidi criar minha própria empresa de consultoria em gestão de carreira. Isso não fazia sentido, é claro. Afinal, eu era psicóloga clínica formada, com experiência em testes neuropsicológicos e análises forenses. Não possuía formação em negócios ou administração, nem experiência em planejar esse tipo de empreendimento. Além disso, naquela época, a gestão de carreira e o treinamento de executivos mal começavam a dar os primeiros passos como uma nova especialidade.

Meus colegas psicólogos diziam: "Você é louca se fizer isso. Destruirá a sua carreira".

Contudo, essa era uma ambição que eu desejava realizar. Eu sabia que adorava me informar e refletir sobre o que acontecia no mundo dos negócios. Sabia que era inteligente, criativa e tenaz. Ambicionava a independência, a oportunidade e o desafio de dirigir minha própria empresa. Trilhar o meu destino profissional era tão importante e orgânico quanto ser mãe de Devin, cultivar minhas amizades e lutar por todas as outras coisas igualmente preciosas. Sabia que tinha uma contribuição significativa para dar.

Assim, mergulhei fundo.

Pouco mais de um ano depois de abrir o negócio, descobri um programa de treinamento e orientação para mulheres em São Francisco. Uma vez por mês, durante um ano, eu freqüentaria os encontros levando meu plano e estratégias de negócios, além de uma série de problemas, e receberia orientação de um grupo de consultores sobre todo tipo de assunto, desde contabilidade, vendas, *marketing* e relações públicas até os altos e baixos emocionais de ser uma empresária. Nesses encontros de duas horas de duração, eu e outras três pupilas discutíamos nossos objetivos empresariais e todos os seus respectivos obstáculos e desafios com um grupo de quinze a vinte mulheres, profissionais altamente experientes e competentes. Aprendemos táticas de negócios francas, diretas e detalhadas, e recebemos aconselhamento e *feedback* em tempo real de CEOs, advogadas, auditoras, especialistas em *marketing*, economistas e executivas de vendas, relações públicas e finanças. Ter minhas aspirações de carreira ratificadas diante de tamanha crise pessoal foi profundamente transformador. Ouvir as experiências e as perspectivas mais variadas de tantas mulheres de negócios bem-sucedidas deu-me confiança e convicção para lutar por minhas grandes ambições. O programa também me ensinou a evitar erros ingênuos, a reconhecer o talento, a trabalhar de modo cooperativo e a pedir e usar bem a orientação de especialistas.

Além disso, aprendi a reconhecer atitudes em comum que levam as mulheres ambiciosas a conter o próprio progresso. Por exemplo, uma de minhas pupilas, com freqüência, contestava a orientação oferecida a ela com um "sim, mas...", até que uma das consultoras a questionou duramente: "Por que você está aqui se recusa cada opinião ou conselho que lhe damos?" Presenciei esse tipo de atitude "sim, mas..." se repetir com uma infinidade de mulheres em todos esses anos, junto com outros comportamentos autodestrutivos os quais identifiquei. Tornou-se evidente para mim que todas nós – inclusive as mulheres declaradamente talentosas e experientes – travamos uma batalha com a confiança, não nos sentimos capacitadas a receber o que merecemos, relutamos em defender o poder e o reconhecimento que conquistamos e não perseguimos nossos objetivos com paixão. Logo, comecei a observar e refletir sobre essas armadilhas autodestrutivas, nas quais as mulheres ambiciosas são apanhadas.

Terminei o programa de treinamento e continuei administrando a empresa, localizada ao norte de São Francisco. Ajudei um grande número de mulheres (e homens) a descobrir ou refinar o que gostariam de fazer e a encontrar sua vocação profissional. Contudo, apesar de todas as histórias de sucesso que ajudei a produzir, também continuei vendo mulheres que relutavam sistematicamente em buscar seus objetivos de ambição. Para nos ajudar a identificar e administrar essa questão, concluí que precisávamos de uma organização sofisticada que orientasse as mulheres nos negócios. Quando procurei por instituições que oferecessem informação e assessoria em negócios para mulheres ambiciosas no município de Marin, onde eu morava e trabalhava, vi que não havia nenhuma.

Assim nasceu a Aliança para os Negócios da Mulher. Precisávamos de uma organização que fosse além dos tediosos grupos de relacionamento nos quais homens e mulheres trocam cartões de visita e procuram gerar líderes. Meu objetivo era oferecer não apenas a mais avançada orientação profissional para mulheres ambiciosas iguais a mim, mas também modelos de grandes mulheres que pudessem inspirá-las a construir a carreira de seus sonhos.

Consultei uma série de notáveis palestrantes e planejei uma conferência. Em seguida, telefonei para mulheres que eu havia visto nos jornais locais e as convidei para participar. No final da primeira semana, eu havia contabilizado cinqüenta mulheres e, assim, a Aliança foi fundada.

Durante os seis anos seguintes, a Aliança para os Negócios da Mulher organizou almoços de trabalho que reuniam entre trinta e 150 mulheres por vez. Todo mês, eu convidava especialistas renomados para falar de suas experiências e responder a perguntas sobre diversos assuntos profissionais e de negócios. Além disso, organizava, também mensalmente, fóruns abertos para que as mulheres pudessem expor seus planos, dúvidas e questões sobre negócios e, em contrapartida, receber *feedback*, orientação e apoio de outras mulheres ambiciosas bem-sucedidas.

Após analisar os resultados da minha pesquisa sobre o que pensam as mulheres a respeito da ambição, fiz do assunto o ponto central das conferências realizadas pela Aliança duas vezes por semana. Em cada encontro, as idéias fluíam pela sala; as mulheres estavam sedentas por esse tipo de informação valiosa e também por orientação e apoio. Ao mesmo tempo, cada uma delas travava uma luta interior contra as mesmas armadilhas autodestrutivas que eu havia identificado anos antes.

Em meu trabalho na Aliança para os Negócios da Mulher e na minha prática como consultora de carreira, desafiei minhas clientes a enfrentar o medo de assumir a sua ambição. Desse modo, ajudei milhares de mulheres a corrigirem a maneira de enxergar o futuro, mostrando-lhes como superar essas barreiras interiores e abraçar suas ambições com toda a paixão.

Em 2000, conheci meu marido Stephen. Decidimos organizar nossa vida nas duas costas dos Estados Unidos, o que daria certo para o filho dele, Jake, e para o meu filho, Devin, e que permitiria a nós dois manter nossas ambições em foco. Assim, expandi a Aliança e mudei minha empresa de consultoria para Nova York. Achava que os temas relacionados ao comportamento autodestrutivo que eu identificara nas mulheres ambiciosas da baía de São Francisco não interessariam às profissionais de uma grande cidade. Garota, eu estava redondamente errada. Mesmas pressões, regiões opostas. Cada uma das centenas de mulheres ambiciosas com quem trabalhei em Nova York é igual a todas nós. Não importa onde vivemos, se freqüentamos as melhores universidades ou se temos um currículo excepcional, todas nós lutamos, sob pressão social, para nos mantermos fiéis aos nossos grandes sonhos de carreira sem nos sentirmos diferentes.

Estou convencida, pessoal e profissionalmente, de que podemos e devemos fazer melhor do que isso.

Faça a sua ambição brilhar

Acredito que, se está lendo este livro, você também é uma mulher que enfrenta o mesmo problema. Também está ávida por orientação e apoio para permanecer leal às suas ambições. Talvez esteja com 20 anos e já se sinta reprimida. Talvez seja relativamente nova no mundo dos negócios, mas já experimenta o mesmo eterno recomeço de Sísifo*, lutando para manter seus objetivos profissionais como uma prioridade em sua vida. Talvez você tenha se desviado de seu caminho por um tempo – pois decidiu mudar de cidade com o companheiro para que ele pudesse realizar as ambições dele primeiro, ou para cuidar dos filhos, ou até mesmo tratar da própria saúde. Mas agora sente que aquele *tempo* está durando uma eternidade. Você precisa de ajuda para retomar o caminho. Ou talvez esteja na batalha de seus sonhos há muito tempo, mas não progride como gostaria ou como mereceria.

Não importa em que estágio está a sua carreira, o mínimo que se pode dizer é que você trabalhou muito para chegar lá. Sem dúvida, isso é verdade, seja você estudante, recém-formada, uma profissional que já acumulou sólida experiência ou está a caminho dela. Você pagou caro pelas conquistas e está disposta a pagar muito mais. Apanhou bastante, mas também bateu muito. Persistiu e aprendeu com os erros para fazer melhor da próxima vez. Construiu um conhecimento significativo e uma boa percepção para os negócios. Ficou mais forte e aprendeu com as críticas. Tornou-se hábil em usar seus instintos. Envolveu-se com o jogo dos negócios e luta todos os dias para permanecer nele.

Contudo, de alguma maneira, por uma razão qualquer, algo não vai bem. Você não está satisfeita. Às vezes, sente que precisa aceitar menos

---

* Na mitologia grega, Sísifo foi condenado pelos deuses a empurrar, por toda a eternidade, uma pesada pedra até o cume da montanha mais alta. Ao chegar finalmente ao topo, essa pedra rola encosta abaixo, e, assim, ele deve recomeçar o trabalho, indefinidamente. (N.T.)

em sua carreira, quando o que realmente quer é mais. Às vezes, pressente que você mesma se impede de seguir com entusiasmo até onde seus *mais* ambiciosos objetivos poderiam levá-la. Algo em seu íntimo quer ser menos tímido. Algo em seu íntimo quer ser livre para ser tão corajoso quanto você deseja. É como se você puxasse as próprias rédeas a fim de parar ou recuar.

Bem, eis por que tudo isso acontece.

Em primeiro lugar, oferecemos o apoio necessário para uma mulher ser ambiciosa. Nós a fazemos ver que pode ter uma vida intensa e feliz – em casa e no trabalho. Mostramos a ela, ao contrário da nossa intuição, embora nossa cultura faça parecer, que o caminho da vida *verdadeira* para se tornar uma mulher mais feliz e a melhor amiga, amante, esposa, mãe e cidadã que ela puder ser é aceitar *sempre* a sua ambição como uma virtude. Nós a estimulamos a ver que o modo *verdadeiro* de fazer tudo aquilo que ela nasceu para fazer é colocar seus sonhos profissionais como prioridade número um de sua vida. Em seguida, oferecemos a ela os melhores conhecimentos e estratégias de negócios, fáceis de aplicar em seu cotidiano profissional e pessoal. Ensinamos táticas simples e eficientes que capacitam qualquer mulher a atingir as metas de sua carreira.

Então, uma lâmpada se acende em sua mente, e ela jamais olha para trás.

Ela toma o controle de sua carreira. Aprende a reivindicar com firmeza o pagamento que merece por seu valor. Sente-se poderosa de um jeito diferente – e ela gosta disso. Aprende a se sentir bem ao ser reconhecida por suas realizações profissionais. Ela aprende a estabelecer limites entre colegas e vida pessoal, de modo que suas necessidades sejam satisfeitas, e não desprezadas. Aprende que pode agir com integridade e tratar os outros como seres humanos, mas que ela também pode se sentir bem em relação ao fato de que nem todos agem do mesmo modo, quando ela enfrentar aqueles que roubariam suas idéias.

Assim, ela se torna uma mulher ambiciosa.

Testemunhei essa transformação ocorrer com milhares de mulheres. Estou certa de que essa mesma mudança também pode acontecer com você. Vou mostrar-lhe como ser, desde já, uma mulher plenamente ambiciosa.

Neste livro, vou ajudá-la a compreender as mensagens que nos ensinaram sobre ser uma mulher ambiciosa, as mensagens veladas que foram impressas em nosso inconsciente e os comportamentos autodestrutivos que elas provocam. Aqui, você encontrará testes, *checklists* e exercícios auto-avaliativos que a ajudarão a descobrir, rápida e facilmente, se você costuma subestimar as próprias ambições. Então, novas e comprovadas soluções – as mesmas que uso com meus clientes – vão auxiliá-la a superar essas barreiras interiorizadas. A propósito, nenhuma dessas estratégias possui a intenção de ensiná-la a pensar como um homem ou a perder sua feminilidade. Minhas soluções a ajudarão a identificar os limites em torno de suas qualidades positivas para que elas não trabalhem contra você. Quando aprender a fazer isso, você será livre. Poderá ousar e ser verdadeiramente ótima em seus próprios termos. Será capaz de redefinir o significado de ambição e libertar a sagrada carreira dos seus sonhos.

O Diário da Ambição

Este livro traz muitos *insights* e questões. Para registrar tudo o que você vai descobrir aqui, inicie o seu Diário da Ambição. Indique a data em cada anotação, assim poderá avaliar o seu progresso. As palavras são poderosas, por isso, registrar suas idéias é uma ótima maneira de fortalecer o seu ego mais ambicioso.

Um Diário da Ambição é o máximo. A fim de evitar transtornos, ele conterá as mínimas informações profissionais recolhidas durante a leitura. Você sabe o que quero dizer: é muito comum anotarmos um nome ou uma idéia num pedaço de papel, mas quando precisamos deles, nunca conseguimos encontrá-los. O Diário da Ambição será o lugar certo para compilar todas as suas notas, contatos, artigos e recursos. Esse não é um diário para a sua vida pessoal; ao contrário, é uma ferramenta estritamente profissional.

Além disso, use o Diário para registrar suas respostas aos testes e exercícios que aparecerão ao longo do livro. Assim, você terá um registro confidencial de tudo o que descobriu sobre seu ego ambicioso.

O Diário da Ambição lhe será útil por toda a carreira, oferecendo uma base profissional sólida e atual que você mesma construiu, além de um guia para consulta.

Agora, esteja pronta para libertar o seu ego mais ambicioso.

Dois

Uma palavra que faz a diferença

Por que as mulheres têm tanta dificuldade em reconhecer a importância de amar o seu trabalho?

GAIL EVANS, alta executiva americana, autora de *Nos Negócios, Jogue Como Homem, Vença Como Mulher* (São Paulo: Futura, 2000).

Se você é uma mulher para quem o valor da carreira e a paixão pelo trabalho são importantes, então seus objetivos profissionais devem ser sagrados. Realizar seus talentos natos deve ter sempre a mesma importância que qualquer outro valor em sua vida, como família, amor, filhos e amigos. Saiba que o mundo merece ter notícias suas.

Isso soa estranho para você? É a primeira vez que ouve alguém dizer algo parecido? Pare por um instante e conte quantas vezes em sua vida alguém a aconselhou a ser mais ambiciosa. Agora, conte quantas vezes alguém a aconselhou a valorizar e a preservar sua ambição, como faria com qualquer outra virtude. Provavelmente, você precisará de apenas uma das mãos.

Além do mais, se você colocasse sua ambição em primeiro lugar, isso a tornaria um ser humano melhor em todos os aspectos de sua vida. Você seria não apenas mais realizada e produtiva no trabalho, como também uma pessoa mais feliz, uma companheira melhor, uma mãe mais presente, uma amiga mais solidária e uma cidadã mais engajada em sua comunidade. De fato, você seria mais dinâmica e envolvida em todos os setores de sua vida.

A pedra fundamental da sua capacidade de viver com poucas mágoas é estabelecida quando você compreende, verdadeira e profundamente, a importância de amar o seu trabalho, seja em que fase estiver de sua vida e de sua carreira, sejam quais forem as obrigações e pressões competitivas que desafiam sua decisão de ser leal à sua ambição. Viver de forma plena e autêntica depende de sua habilidade em permanecer apaixonada por seu trabalho, manter-se continuamente inspirada, abrir-se a novas oportunidades e, por fim, fazer o melhor que puder. Em resumo: sua ambição deveria ser inegociável. É ela que alimenta a sua alma.

Entretanto, para mulheres de todas as idades, a ambição ainda é negociável.

Ambição não é uma palavra feia – é?

Eu quero mudar o mundo. Sério, não poderia viver sem o meu trabalho, sem me sentir inspirada todos os dias. Tive êxito – as coisas simplesmente aconteceram na minha carreira. Não, eu não sou ambiciosa. Quero realizar uma mudança positiva no mundo, mas minha família é muito importante para mim.

Vera, 57. Milionária, famosa como estrela do rock e uma lenda em sua área.

Por que as mulheres têm tanto problema em reconhecer a importância de amar o seu trabalho com todo o coração? Elas conseguem admitir que gostam do que fazem. Contudo, o que aconteceria se afirmassem que amam o seu trabalho? O que aconteceria se elas dissessem que são ambiciosas?

Leia cuidadosamente as duas histórias que seguem e observe se você identifica qualquer pensamento ou sentimento que essas mulheres deixam transparecer. Primeiro, conheça Maria Edite:

> Eu valorizo o sucesso. Com 34 anos de idade, sou diretora sênior de criação em uma grande e reconhecida agência de publicidade, recebendo um salário acima da média do mercado nesse setor. Tenho um MBA. Para mim, ser bem-sucedida significa amar o meu trabalho, enfrentar os desafios do cargo e ter bastante tempo livre para jantar com amigos uma ou duas vezes por mês, ir à praia aos finais de semana e curtir o meu noivo.

Agora, vamos conhecer Jane:

> Eu sou ambiciosa. Tenho 34 anos e um MBA. Para mim, ser ambiciosa significa amar o meu trabalho como diretora administrativa sênior de uma grande e reconhecida empresa de relações públicas e receber um salário acima da média do mercado nesse setor. Também significa enfrentar os desafios do meu cargo e ter bastante tempo livre para jantar com amigos uma ou duas vezes por mês, jogar vôlei no sábado e curtir o meu noivo.

Ao ler sobre Jane, o que mudou no seu julgamento em relação ao que percebeu sobre Maria Edite?

Você pensou em Maria Edite como uma mulher que tem objetivos admiráveis e que mantém suas prioridades em foco? Sentiu que a vida dela está bem equilibrada entre casa e trabalho? Sentiu que ela incorpora uma definição positiva e feminina de sucesso que abre espaço para outras prioridades pessoais?

Quando você leu o perfil de Jane, pelo fato de ela valorizar e assumir a ambição, teve a sensação de que ela não passa de uma piranha (existe outra palavra para isso?) cujas prioridades estão invertidas? Acha que ela está fadada ao fracasso? Na sua opinião, o fato de sair com os amigos apenas uma ou talvez duas vezes por mês e de se exercitar só uma vez por semana (além de tudo, ela deve estar fora de forma!) indica que ela coloca muita ênfase no trabalho? Para você, parece óbvio que o tempo que ela tem para curtir o noivo é, na verdade, um indício de que não tem tempo *suficiente* para passar com ele?

Agora, releia as duas descrições. Observe que, além do tipo de trabalho e dos *hobbies* preferidos, as duas são idênticas, com exceção de uma palavra: Maria Edite valoriza o *sucesso*, enquanto Jane valoriza a *ambição*.

Se você fez esses julgamentos em relação a essas duas mulheres, não foi a única. Nos *workshops* e conferências em que apresento esse exercício, a maioria das participantes tem uma reação positiva diante da mulher que valoriza o sucesso. Contudo, algo soa errado para elas quando lêem o perfil da mulher que valoriza a ambição. Que diferença faz uma palavra!

Por que essa palavra incomoda tanto as mulheres? É incrível, a mulher que admite ser ambiciosa é como se confessasse ter uma doença contagiosa. Absolutamente, não se trata aqui de um jogo semântico. Para as mulheres as quais entrevistei, a questão não é apenas de preferir a palavra *sucesso* em detrimento de *ambição*. Elas não se incomodam de ser consideradas bem-sucedidas, mas temem ser chamadas de ambiciosas. Se elas tentam dizer: "Sou ambiciosa", isso as faz sentirem-se esmagadas, mesmo sem saber explicar por quê.

Não é por acaso que somos alérgicas a este mundo. Na verdade, existe uma força primária fundamental, que está na base da resistência das mulheres em ver a sua ambição como uma virtude.

Ainda penso que as garotas são estimuladas a ser adequadas e a agradar, a pertencer a um grupo e ser igual a todo mundo. Dizer que se você é ambiciosa significa que quer estar acima dos outros ou ser diferente. Acredito que não aclamamos a ambição o suficiente entre as mulheres e, com certeza, não entre as jovens. [...] Não sei como tantas pessoas aclamaram a ambição de grandes chefes executivas como Carly Fiorina e Andrea Jung... É quase como se a palavra fosse uma obscenidade.

MARY LOU QUINLAN, fundadora e CEO de *Just Ask a Woman*, empresa americana de *marketing* feminino, e autora de *Just Ask a Woman* [*Pergunte a uma Mulher*] e de *Time Off for Good Behavior* [*Dê Férias para o Bom Comportamento*].

O que nos faz negar essa parte do que somos, essa nossa parte que, de algum modo, sofre para reconhecer nossa ambição como uma riqueza?

Como você se sente, de verdade, diante da hipótese de aceitar a própria ambição? É difícil para você definir-se como uma mulher ambiciosa? Se sim, qual é o problema? O que a impede de se sentir bem ao se reconhecer como uma mulher que ama o próprio trabalho e que está determinada a alcançar seus mais elevados sonhos profissionais? O que acontece quando é mais fácil aceitar o desejo de ser bem-sucedida do que o de ser uma mulher ambiciosa? Por que não valorizar a ambição? O que faz a palavra *sucesso* mais palatável do que *ambição*? Anote a resposta em seu Diário da Ambição.

Considere as seguintes definições de dicionário para a palavra *ambição*:

AMBIÇÃO. s. f.

1. Desejo veemente por algum tipo de realização ou distinção, como poder, honra, glória ou riqueza, em geral em um campo determinado, e a disposição de lutar para alcançá-lo.
2. O ato, objeto, estado ou resultado desejado ou perseguido.
3. Desejo de alcançar um trabalho ou atividade; energia, interesse, paixão na atividade profissional.

Agora, considere as definições da palavra *ambiciosa*:

AMBICIOSA. adj.
1. Que tem ambição; que tem desejo ardente de alcançar ou obter sucesso, poder, riqueza ou um objetivo específico.
2. Que exige excepcional esforço, capacidade, coragem ou perícia.
3. Que aspira, empreende; que deseja elevar-se (mental ou espiritualmente) a um nível ou plano mais alto ou obter algum fim acima das expectativas comuns.
4. Agressiva; egocêntrica.

Na sua opinião, qual dessas sete definições a grande maioria das mulheres as quais entrevistei e orientei – de garotas de 16 a senhoras de mais de 60 anos de idade – escolheu para descrever uma mulher empreendedora que se recusa a abrir mão de seus objetivos? Adivinhe:

AMBICIOSA. adj.
4. Agressiva; egocêntrica (claro, coisa de mulher).

Portanto, não é à toa que muitas profissionais sentem-se livres para dizer que gostam de seu trabalho e querem ter *sucesso*, mas escolhem bem as palavras para se certificarem de seu significado e, evidentemente, não usarem a feia e impronunciável palavra *ambiciosa*.

Vamos recuperar a ambição como uma virtude e nos apoderar dela:

MULHER AMBICIOSA. (def.) uma mulher que:
1. Ganha mais dinheiro.
2. Tem mais poder.
3. Consegue o reconhecimento que merece.
4. Tem a determinação para lutar por seus sonhos e é capaz de realizá-los com integridade.

Agora, gostaria que você mergulhasse fundo em seus pensamentos a respeito de ambição e fizesse um teste de realidade. Quando uma amiga pede para analisarmos a sua realidade, nós, mulheres, somos especialistas nesse tipo de coisa. Costumamos avaliar as atitudes de outras mulheres o tempo todo, seja em relação ao trabalho, a relacionamentos ou a filhos. Pense nisso – uma amiga que confia em você lhe pergunta: "Seria loucura querer fazer meu curso de MBA antes de meu marido terminar a faculdade de medicina?" Ou: "É minha imaginação ou as enfermeiras não acatam minhas ordens porque sou a única cirurgiã em nosso departamento?" Ou ainda: "O fato de eu trabalhar em tempo integral faz de mim uma péssima mãe?" E: "Fiz certo em pedir um aumento?" Tenho certeza de que você é ótima em comprovar o ponto de vista dela, em dissipar suas idéias de autopunição e em animá-la para que ela encare a situação com outros olhos.

O problema é que não somos tão boas ao avaliar a nossa realidade; em geral, relutamos em dar uma opinião imparcial e suave sobre uma situação da qual estamos vivenciando. Isso, jamais! Simplesmente porque você se exige e se cobra demais. Aposto que ninguém é mais rigoroso com suas atitudes do que você mesma. Tudo bem. Este livro vai incentivá-la a ser menos rigorosa consigo ao fazer algumas reflexões sérias acerca do que significa, para você, ser uma mulher ambiciosa.

TESTE DE REALIDADE

Por que não consigo ver minha ambição como uma virtude?

Exercício do Diário da Ambição

- Pensar em mim como uma pessoa ambiciosa me faz sentir indigna, egoísta e cheia de cobiça?
- Sinto-me ingênua, como uma fraude no mundo dos negócios?
- Sinto-me um pouco menos feminina?
- Sou tomada por um sentimento de culpa?
- Sinto-me envergonhada?

- Sinto-me arrogante, presunçosa e narcisista? É como se eu dissesse que sou melhor que os outros?
- Tenho medo de que as pessoas não gostem muito de mim ou não me respeitem do mesmo jeito?
- Receio em afastar de mim justamente o tipo de companheiro que quero atrair? Tenho medo de não ser uma boa esposa ou mãe?

Se você realmente fizer uma reflexão sobre isso, considerar-se ambiciosa a faria sentir-se uma mulher de menos valor ou caráter? Pense em tudo o que lhe ocorreu enquanto respondia às questões acima. Agora, mergulhemos mais fundo para ver se algum desses pensamentos é baseado na realidade. Para tanto, responda às perguntas que seguem, procurando ser tão objetiva quanto seria em uma conversa sincera e revigorante com uma boa amiga.

- Ser ambiciosa realmente me faz sentir uma pessoa egoísta e presunçosa?

  Provavelmente não ....(Por que não?)
  Provavelmente ....(Por que pensa assim?)
  Não tenho certeza..................(O que me impede de dar uma resposta definitiva?)

- Se sou ambiciosa, sou também indigna? Sinto cobiça? Minha ética e meus valores são inadequados?

  Duvidosamente........................(Por que não?)
  Provavelmente ....(Como assim? O que me faz sentir desse modo?)
  Não tenho certeza..................(Qual o motivo da indecisão?)

- Reconhecer e aceitar a ambição em meu íntimo realmente me afastarão de meus relacionamentos?

Provavelmente não .... (Por quê ...?)
Sim, provavelmente .... (Como assim? De que maneira?)
Não tenho certeza.................. (Por que tenho dúvidas sobre o assunto?)

- Se admitir que sou ambiciosa, tenho medo de ser julgada?
  Não, de forma alguma .... (Por quê ...?)
  Sim, é muito provável............. (Quais são os meus piores temores?)
  Não tenho certeza.................. (O que me impede de dizer sim ou não?)

Sucesso *versus* ambição: uma palavra faz toda a diferença em nosso bem-estar.

E o que dizer sobre os diferentes tipos de ambição? Existe uma categoria de ambição socialmente permitida às mulheres. Podemos chamá-la de ambição honrada. Eu não compactuo com esse paradigma. E assim que mostrar o que ela realmente é, acredito que você concordará comigo.

Três

Ambição honrada?

O que aconteceria se uma mulher dissesse a verdade sobre sua vida? O mundo se fragmentaria.

Muriel Rukeyser, poetisa americana, escreveu "Käthe Kollwitz"; em *The Speed of Darkness* [A Velocidade das Trevas] (Nova York: Library of America, 2004).

Vamos supor que sua ambição seja tornar-se uma mãe exemplar. Ou uma amiga leal. O que aconteceria se sua ambição fosse ser uma funcionária tranqüila e descompromissada que, baseada em princípios morais, recusa envolver-se com o jogo político da empresa? Ou se desejasse ser uma esposa dedicada? Esse tipo de desejo causa algum desconforto em você? Certamente, sua resposta será "não", porque se trata de uma ambição socialmente aceita. Por exemplo, leia as seguintes histórias e aposto como verá que essas mulheres escolheram ambições honradas.

Amélia era uma excelente cardiologista pediátrica de 36 anos, com um alto salário. Amava a sua profissão e encontrava desafios e realização cuidando de seus pacientes. Ela e o marido, médico neurocirurgião, tiveram três filhos. O mais velho, agora com 13 anos, é autista de grau severo. O segundo filho, de 10 anos, também é autista, porém de grau moderado. O mais novo, que tem 7 anos, não tem problemas de saúde. O casal teve dificuldades para encontrar boas escolas para seus filhos autistas. Então, Amélia decidiu reduzir sua atividade profissional, de modo que trabalhasse apenas 10% do tempo. Por isso, perdeu a maioria de seus pacientes. Ela tomou essa decisão para que pudesse ajudar a criar uma escola destinada a crianças autistas. Como o marido também era muito bem remunerado, eles concordaram que dinheiro não era problema e ele sustentaria a família.

Nana, 27 anos, solteira, trabalhava duro como diretora de *marketing* em uma das melhores empresas do país. Ela se orgulhava de "não fazer o jogo político da companhia". Todos os funcionários de seu departamento gostavam dela, que procurava não pisar nos calos dos colegas, nem atropelar a autoridade dos outros. Nana achava "desagradáveis" os jogos de estratégias, as mudanças hierárquicas de poder e a competição entre os funcionários, e acreditava que seu diploma de uma universidade renomada, trabalho duro e lealdade lhe trariam o reconhecimento e as oportunidades de progredir como merecia.

Quando conheci Kátia, mãe de gêmeas idênticas de 6 anos, ela estava com 43 anos de idade. Kátia me contou que havia se apaixonado por um homem atencioso e carinhoso e que juntos incentivavam o sentimento de ambição um do outro. Casou-se aos 30 e poucos anos com o homem de sua vida que também era seu melhor amigo. Ambos moravam em Nova York; ele era corretor de investimentos e ela, advogada tributarista. Quando as gêmeas nasceram, embora fossem cosmopolitas assumidos, decidiram mudar-se para um bairro afastado, porque seria mais apropriado para as crianças, até que elas tivessem idade para ir à escola. A distância do centro da cidade era muito grande, por isso Kátia optou por outro emprego mais próximo de sua nova casa. "Eu sabia que o trabalho não era grande coisa, mas imaginei que poderia ficar ali por três ou quatro anos, até voltar a morar na cidade."

Sheila, 32, progredia firmemente como programadora sênior e gerente de produto de uma empresa de tecnologia da informação. Ela amava o seu trabalho. Quando Sheila completou cinco anos na empresa, ela e o marido concordaram com a idéia de que ele deixaria o seu emprego, desinteressante, para abrir o próprio escritório de arquitetura. Com um excelente salário e um amplo pacote de benefícios, ela ganhava mais do que ele. Ambos estavam seguros em assumir o risco de sacrificar os rendimentos dele para pôr seu empreendimento em prática.

Amélia sufocou drasticamente a sua ambição para cuidar da educação de seus filhos autistas. Nana tomou o caminho mais seguro para alcançar a sua ambição e recusou sujar as mãos com o jogo político da empresa. Kátia trocou sua ambição por uma solução a curto prazo para facilitar a vida. Sheila arriscou sua ambição e prazerosamente investiu no sonho do marido, aceitando ser a única fonte de renda da família.

Muita gente diria que essas mulheres fizeram a coisa certa, que tomaram decisões nobres e assumiram sacrifícios que qualquer mulher deveria assumir. Outros diriam que elas escolheram livremente o que fazer com base em suas próprias ponderações.

Será que abrir mão de sua ambição profissional ou equilibrá-la com seus prazeres pessoais, como família, namoro, casamento ou qualquer outra coisa é realmente uma atitude admirável? Ambição honrada é não fazer o jogo da empresa e ser piamente apolítica? Vale a pena investir no sonho de outra pessoa em detrimento do seu? Muitas vezes, pensamos que esse é o tipo bom, certo e virtuoso de ambição. Porém, nunca pensamos no quanto ela nos custa. Já imaginou que ela pode deixar mágoas e frustrações? Notou que ninguém nos estimula a pensar nesses tipos de conseqüências antes de assumirmos nossas ambições consideradas honradas? Fazemos, então, uma escolha verdadeiramente consciente? O que acontecerá se os planos não se concretizarem como esperado e a sua vez de se realizar jamais chegar? O que será de você?

Lutar ou não por uma ambição, a opção é sua – mas, como avaliar o preço de uma escolha?

Todas nós nascemos com alguma ambição. A necessidade de seguir em frente, competir, alcançar ou realizar um desejo, fazem parte da alma humana. A quantidade de ambição que existe nos genes de cada pessoa não é escolha de ninguém, mas lutar por ela é.

Às vezes, fazemos escolhas conscientes – e, então, deliberadamente agimos, ou renunciamos, baseadas em uma decisão ponderada. Por exemplo, decidi que estou cansada de ser subestimada na empresa em que trabalho; esgotei todos os recursos razoáveis, minha paciência, e nada mudou. Assim, um dia, comecei a distribuir meu currículo e a contatar pessoas; preferi agir a fim de concretizar minha ambição. Outras vezes, fazemos escolhas mesmo *sem* tomar uma atitude; o fato de simplesmente não fazer nada, ou fazer tudo do mesmo modo que sempre fizemos são também escolhas. Por exemplo, já faz um ano que estou muito insatisfeita com a minha carreira, mas nada faço. Assim, sem tomar nenhuma atitude, escolhi me conformar com o meu descontentamento.

Toda escolha traz conseqüências futuras – boas e ruins. Contudo, como mulheres ambiciosas, o que fazemos para avaliar nossas escolhas de um modo bem pensado e consciente? Como tomar a melhor decisão hoje se não somos estimuladas a pensar sobre o nosso futuro? Como evitar nos expormos ao sofrimento e à angústia quando não somos ensinadas a analisar as prováveis situações que se apresentam diante de nós: Se eu fizer essa escolha agora e tudo der certo, como minha vida será afetada? Se algo inesperado surgir, o que acontecerá comigo? Quais seriam minhas opções nesse caso? Se eu considerar e analisar as prováveis conseqüências de minha decisão, ainda me sentirei segura em fazer essa escolha?

Como mulheres ambiciosas, precisamos compartilhar nossas histórias. Precisamos dizer a verdade sobre nossas vidas. Precisamos conversar abertamente em vez de nos sentir sozinhas, envergonhadas, culpadas e como se fôssemos as únicas a enfrentar decisões difíceis e a fazer escolhas na vida. Falar com sinceridade nos ajudará a entender o que devemos considerar ao avaliarmos alternativas e ao fazermos julgamentos a respeito de nossa ambição. Por exemplo, vamos retomar a seguir as histórias de Amélia, Nana, Kátia e Sheila para conhecer as conseqüências das escolhas que fizeram. Observe, então, se o seu julgamento inicial sobre essas mulheres permanece o mesmo. Depois, use essas histórias como ponto de partida para, com toda a franqueza, compartilhar suas próprias histórias com suas amigas ambiciosas.

No começo, Amélia, a estimada cardiologista infantil, relutou em abrir mão de sua próspera carreira como médica e de sua capacidade de se sustentar financeiramente. Porém, a ambição honrada triunfou. Por um bom tempo, tudo parecia dar certo:

> Durante nove anos, trabalhei pouco como médica para poder me dedicar à escola e aos nossos filhos. Meu marido nos sustentava e adorei quando ele se envolveu no projeto. Chegamos a participar juntos da comissão que levantava fundos e organizamos várias reuniões em nossa casa com outros pais interessados. A iniciativa foi um grande sucesso, além de ser muito gratificante e comentada na comunidade. Tudo pelas crianças.

Entretanto, os planos de Amélia não se realizaram como ela esperava:

> Tempos depois, flagrei meu marido na cama com uma mulher que havia participado da comissão. Para encurtar a história, passamos por um terrível divórcio. Em meio a tanto sofrimento, aos 45 anos, tive que voltar para trás e tentar retomar minha atividade como médica. Consegui: aos 49, finalmente, o número de pacientes e a minha reputação profissional decolaram novamente. Na minha idade, porém, com tudo o que tive de enfrentar, voltar para aquela vida foi muito, muito duro.

Quando perguntei à Amélia se ela teria feito escolhas diferentes se soubesse na época o que sabe hoje, ela respondeu: "Sem dúvida", e explicou:

> Você se casa e faz determinados pactos. Eu já tinha 30 e tantos anos quando percebi que meu filho autista mais velho jamais melhoraria. O acordo com meu marido foi o seguinte: "Vou dar um tempo na minha carreira enquanto criamos as crianças, por isso você precisa nos sustentar enquanto *nós* fazemos isso". Nós dois concordamos. Então, ele teve um caso. Eu confiava nele. Acreditava nele. No final das contas, ele não dava a mínima para o que eu havia sacrificado por ele e por nossa família.

Pedi à Amélia para avaliar, de todas as formas, o preço da sua escolha.

> Paguei caro. Nem sei dizer ao certo o quanto isso me custou. Quando deixei a profissão, avisei todos os meus pacientes que eles teriam de encontrar um novo médico. Quando retornei, todos eles, é claro, já eram clientes de outros colegas. Assim, imagine o quanto perdi nesses nove anos.

Insisti, repetindo a pergunta que muita gente faria: O que mais ela poderia ter feito? Afinal, ela tinha dois filhos autistas, um deles com incapacidade severa e ambos exigindo cuidados e atenção. Ela tinha outra escolha?

> Não deveria ter abandonado minha carreira para me envolver tanto na criação da escola. É preciso aprender a integrar sua vida com a vida de uma criança autista e, *ao mesmo tempo*, manter uma vida própria, ou ficará louca. Tínhamos dinheiro, poderíamos contratar alguém para ajudar. Você não pode parar de viver por causa das circunstâncias. Ter um filho com necessidades especiais não significa que deve esquecer de suas necessidades como profissional.

Perguntei à Amélia o que hoje ela pensa que deveria ter feito naquela ocasião:

Eu jamais deveria ter deixado minha profissão, nunca. Amava meu trabalho; amava tudo. Eu deveria ter encontrado um jeito de manter minha atividade e cuidar dos meus filhos A escola teria sido criada, estivesse eu envolvida ou não. Meu filho de 13 anos, a quem amo demais, está no mesmo nível de desenvolvimento que estaria de qualquer maneira, não importa o que eu fizesse. O fato de eu ter-me envolvido tanto com o projeto da escola não fez diferença na vida dele. Ele sempre terá uma incapacidade severa. Se eu tivesse continuado a trabalhar e colocado meu filho em uma ótima escola, seria a mesma coisa para ele. Mas, para mim tudo teria sido bem menos estressante, financeira e emocionalmente. Além do mais, eu teria mantido o estímulo intelectual e o interesse profissional, o que seria melhor para mim e para meus filhos.

Nana, a diretora de *marketing*, é como muitas mulheres ambiciosas com quem trabalhei que desdenham do jogo político das empresas. Muitas vezes, elas percebem que sua atitude se deve ao medo que sentem. Elas não sabem como influenciar os outros, não têm o reconhecimento desejado em seu trabalho, não conseguem enfrentar os canalhas aproveitadores, nem conseguem o poder e o reconhecimento que merecem. Como tantas iguais a ela, Nana acabou apunhalada nas costas pelos colegas que cobiçavam as boas oportunidades que tanto desejava. Ela foi esquecida em inúmeras promoções até, finalmente, aprender a ter a astúcia necessária nas empresas. O que Nana teria feito de diferente?

Eu não teria sido tão ingênua, escondendo-me atrás do pretexto de seguir princípios morais. Teria aprendido a lidar com o jogo de interesses que toma conta das empresas para conseguir alcançar meus objetivos, em vez de deixar os outros pisarem em mim e me passarem para trás.

O marido de Kátia trabalhava em uma das torres gêmeas do World Trade Center e morreu naquele 11 de setembro. Embora há muito tempo deseje "voltar a morar em Manhattan", ainda reluta em expor suas filhas gêmeas às dificuldades que as mudanças acarretam. Ela afirma não ter nada em comum com os outros pais do bairro onde mora e que, além dela, apenas uma mãe da escola em que suas filhas estudam trabalha fora. Kátia me contou que, ao chegarem em casa um dia, as meninas lhe perguntaram: "Mamãe, por que somos as únicas crianças em nossa classe que não têm pai *e* as únicas cuja mãe trabalha?" Que outra decisão Kátia poderia ter tomado quando suas filhas nasceram? Ela me disse que seu desejo era ter permanecido em Nova York, onde se sentia em casa. De qualquer maneira, ela poderia ter procurado ajuda para cuidar das crianças e tentado dividir mais responsabilidades com o marido, em vez de deixar o emprego que ela adorava, só porque parecia ser mais fácil. Disse também que eles fizeram o que achavam certo e que, obviamente, não poderiam ter previsto a reviravolta trágica de suas vidas.

A empresa na qual Sheila trabalhava foi vendida a um grupo de empresas em 2000. Seu chefe foi demitido, muitos colegas de sua equipe saíram e ela se viu trabalhando para um supervisor autoritário, com uma carga de serviço antes dividida entre três funcionários. Quando toda essa situação inesperada surgiu, a empresa de seu marido ainda precisava de aproximadamente dois anos para começar a dar lucro. Não bastasse isso, os ventos mudaram para a indústria de tecnologia e a economia da região do Vale do Silício despencou; sua habilidade em fazer o emprego progredir desapareceu de repente. O marido dela até se dispôs a procurar um emprego estável em outra companhia, mas Sheila descartou a hipótese, pois acreditava ter assumido um compromisso e deveria ir até o fim, não importava o que isso lhe custasse. Então, após dois anos agüentando aquela situação, ela foi ao meu escritório procurando aconselhamento profissional sentindo-se tão deprimida que mal podia levantar da cama todos os dias para enfrentar o monstro do seu chefe. Ela se sentia incapaz de deixar aquele emprego porque era o único ganha-pão de sua família. Além disso, não queria pedir ao marido para desistir do seu empreendimento. Custou-lhe mais dois anos de sacrifícios em seu insuportável emprego, enquanto seguia um programa noturno de pós-graduação para melhorar suas qualificações e, com isso, encontrar uma nova oportunidade que lhe restaurasse a alegria e a paz de espírito.

Sheila teria feito algo diferente? Na última vez em que conversamos, ela contou-me que não sentiu nenhum arrependimento em apoiar o marido, cujos negócios estavam progredindo. Porém, disse-me que teria se preparado para enfrentar situações inesperadas, não contando apenas com o seu salário, gastando menos para economizar e mantendo uma reserva de pelo menos seis meses a um ano para emergências. Disse ainda que ficaria mais atenta às notícias do mercado, de modo que pudesse ter tido algum indício sobre a fusão da empresa. Por fim, concluiu que teria feito mais contato com sua rede de relacionamentos para se manter informada de outras oportunidades de emprego, antes de ficar sem saída em um mercado em declínio.

Não podemos pôr a culpa nos homens

Algumas vezes, há um casamento, um noivado ou um namoro que se desfaz. Às vezes, nossos companheiros nos traem. Outras vezes, apenas não dá certo; não era uma boa combinação. De qualquer forma, devemos assumir a responsabilidade por termos colocado nossa ambição em uma posição vulnerável. Desistir de nossa ambição ou deixá-la em segundo plano foi *nossa* escolha. Esses homens que amávamos e que, no fim, não se preocuparam conosco, nunca apontaram uma arma para nossa cabeça a fim de nos ameaçar: "Desista de sua ambição por mim". Mesmo se houvesse ocorrido alguma pressão ou influência que tivesse abalado nossa decisão, poderíamos ter dito não. Poderíamos ter defendido nossa ambição.

Nem sempre o homem é o bandido que está por trás da decisão de uma mulher em favor da honrada ambição que leva ao sacrifício de seus sonhos. Com freqüência, vejo mulheres dizendo aos seus companheiros: "Realize os seus sonhos profissionais primeiro; depois, realizarei os meus. É o que eu quero. Está tudo certo". E ele responde: "Está bem". Você não faria o mesmo se alguém lhe oferecesse tal primazia numa bandeja de prata? Às vezes o relacionamento se revela maravilhoso e a mulher fica ao lado de seu homem, mas a vida tem outros desígnios e a vez dela nunca chega. Então, ela tem filhos, por isso põe a ambição mais uma vez em segundo plano por mais alguns anos. Ou o casal acumula dívidas comprando uma casa, um carro caro, colocando os filhos em escola particular – e de repente parece impossível a mulher conciliar tudo isso com o desejo de fazer um curso de graduação ou de mestrado. Talvez não seja mais sensato para ela trocar um emprego estável por uma oportunidade melhor, mas arriscada, nem se aventurar em um negócio próprio. De quem é a culpa? Nem sempre é um homem quem desviou nossa ambição. Mesmo se houver um marido ou amante envolvido em sua decisão, a culpa nunca é só dele. Devemos assumir a responsabilidade por permitir que nossa ambição seja adormecida.

Agora que você conhece as histórias dessas mulheres, faça o teste de realidade a seguir. Pergunte-se se, às vezes, você também se sente dividida entre sacrificar seus objetivos profissionais ambiciosos e ser uma "boa mulher". Pergunte-se ainda o que a ambição honrada pode fazer com sua vida.

TESTE DE REALIDADE

É digno sacrificar minhas necessidades à custa da minha ambição?

Exercício do Diário da Ambição

- Como eu me submeto aos outros à custa de minhas necessidades e sonhos? Como me sinto em relação a isso? Realizada e motivada? Ou enfraquecida?
- Sinto-me sem tempo para cuidar de mim? Às vezes me sinto tão frustrada que choro sozinha?
- Vivo tão desestimulada que muitas vezes nem quero sair da cama?
- Ainda acho que essa é a coisa certa a fazer?

Vamos agora refletir sobre o preço que você poderia pagar ao abrir mão de seus desejos ou comprometer sua ambição:

- Você ganha bem menos do que seus colegas porque deixou passar algumas oportunidades que, em princípio, exigiam mais horas de trabalho e se sentiu pressionada a esperar até que seus filhos crescessem um pouco? Está descontente com o emprego mas permanece nele porque precisa do salário e porque não tem um bom currículo para conseguir um trabalho mais gratificante? Seu sonho de fazer pós-graduação está à espera há tanto tempo que agora lhe parece impossível?

- De que modo abrir mão de sua ambição poderia afetar a sua segurança financeira? Mesmo se você tiver um bom casamento, a vida não oferece nenhuma garantia e tudo pode acontecer. O que faria se tivesse que sustentar seus filhos sozinha? Perderia a casa porque sua renda não seria suficiente para pagar o financiamento? Suaria muito todo mês para pagar as contas? Já pensou em sua aposentadoria e velhice? Seria capaz de sustentar-se à medida que os anos avançam e os problemas de saúde começam a surgir?

- Agora, lembre-se de uma ocasião em que você conscientemente ignorou a sua ambição. Como se sentiu? Enumere cinco emoções.

- Desistir de sua ambição fará você sentir-se inferior e desapontada consigo em relação a amigos e parentes bem-sucedidos? Sentirá como sendo um exemplo de fracasso para seus filhos no momento em que eles iniciarem os estudos e a vida profissional?

- Como isso poderia afetar a sua confiança para se relacionar com os outros? Se alguém lhe disser: "Você recusou aquele emprego incrível? Por quê?" – de que modo sua auto-imagem ficaria comprometida?

Agora, reavalie todas as coisas que você faz pelos outros, durante todo o tempo, dia após dia, à custa dos seus sonhos, só porque acredita que colocar-se em segundo plano faz de você uma mulher digna. Então, mais uma vez, pergunte-se – e seja sincera – tudo isso realmente a torna uma pessoa virtuosa? Você ainda acredita que esse sistema de valores, essa maneira de se comportar regida pela pressão social, faz com que você se torne a melhor pessoa que poderia ser?

Talvez, somente com a intenção de fazer tudo o que você acredita ser bom fazer para ser uma pessoa melhor, paradoxalmente, sacrifica uma parte essencial do seu ser – seu ego ambicioso e sonhador. Ao fazê-lo, na realidade, você poderia estar se enganando. Poderia sabotar os próprios esforços para se tornar uma pessoa melhor.

Quatro

Aceitar sua ambição faz de você uma pessoa melhor

Desperdiçar os próprios talentos e ambições é ter uma vida morta. Por que viver se estamos essencialmente mortos?

Elizabeth Conn, presidente da ECONN Design.

As mulheres movidas pela paixão por seu trabalho não desistem dele. Sem o reconhecimento de sua ambição, uma parte importante de seu ser se perde – a parte que pode ser preenchida somente pela busca de sua ambição. Pense no que isso significa em sua única e preciosa vida.

Se você é o tipo de pessoa que jamais sonhou alto ou nunca alcançou o sucesso em sua profissão usando sua criatividade e capacidade, se jamais sentiu a emoção de atingir metas excepcionais, então você tem que ser ambiciosa para ser feliz. Quando a ambição está em seu sangue, você jamais encontrará a mesma satisfação como dona de casa ou com a mentalidade "estou aqui só pelo meu salário".

TESTE DE REALIDADE

O que somente a ambição profissional é capaz de me dar?

Exercício do Diário da Ambição

Pense num momento em que você esteve mergulhada em um projeto fascinante – em que se sentiu apaixonada, motivada ou um pouco louca, em que perdeu o sono pensando nos seus desafios tão estimulantes e que pulou da cama na manhã seguinte para correr de volta ao escritório. Como foi essa experiência? Seja bem específica. Pense com calma, relembre e reviva cada detalhe. Quais foram as circunstâncias que a fizeram se sentir tão entusiasmada? Como se sentiu durante esse processo? Procure relembrar especificamente todos os pensamentos e as sensações – os medos, a excitação, as dúvidas, o senso de salvação que experimentou. Como se sentiu ao se deparar com obstáculos e fracassos e ter que lançar mão de planos alternativos até tudo dar certo?

Como se sentiu no momento em que percebeu, finalmente, quase por milagre, que havia alcançado o seu objetivo? Que reconhecimentos, cumprimentos, bônus, prêmios e aumentos de salário vieram junto com a sua vitória para torná-la ainda mais saborosa? Como se sentiu ao ser distinguida como alguém que fez um excelente trabalho e que foi bastante ambiciosa para realizar algo difícil? O que as pessoas lhe disseram? O que respondeu? Como se sentiu sendo o centro das atenções? Reservou-se um momento para curtir as próprias realizações? Algo como: "Sim! Eu realmente fiz isso! *Eu* fiz acontecer! Eu mesma!" De que maneira essa conquista a fez desejar estabelecer para si metas ainda mais difíceis? Você seguiu em frente?

Como retomar o caminho?

Agora que percebeu que sua ambição é uma coisa muito boa, quero pedir-lhe para refletir sobre as seguintes questões: Você tem sido tão ambiciosa quanto realmente deseja? É possível que você esteja conformada com menos quando, na verdade, quer mais?

Se você se desviou do curso de sua ambição, talvez seja como muitas mulheres que comprometeram seus objetivos porque acreditaram num falso dilema: ou podemos ser ambiciosas, ou podemos levar uma vida equilibrada e saudável, mas não devemos tentar ter as duas coisas. Portanto, se você deseja ser uma mulher que ganha mais dinheiro, tem mais poder, consegue o reconhecimento que merece e tem a determinação para lutar por seus sonhos, ao mesmo tempo em que respeita a si e aos outros, então deve libertar-se dos "mandamentos do 'eu devo'" que a afastam do caminho de sua ambição.

Nunca ouvi uma mensagem que, declaradamente, encorajasse uma mulher a ser mais ambiciosa, como esta: "Lute por sua ambição do mesmo modo como faria por qualquer outra prioridade em sua vida, como amor, amizade, filhos, uma causa social; não sacrifique sua ambição por razão nenhuma." A partir de agora, essa mensagem será a nossa nova forma de pensar sobre como nossos sonhos e nossas contribuições são valiosos.

Mandamentos do "eu devo" que devo ignorar

- Progredir em minha carreira e ser tão ambiciosa como realmente desejo **deve** ficar em segundo plano para ceder espaço à vida amorosa, família, amizades e às causas da comunidade.
- Desejar mais de minha vida profissional **deve** significar que sou menos mulher.

- Eu **devo** me conformar com um trabalho inferior, sem ter qualquer tipo de expectativa, porque estou muito concentrada na vida fora do escritório.
- Eu não **devo** ser ambiciosa demais quando, de fato, minha carreira já é bem mais importante para mim do que admito.
- Eu **devo** ficar satisfeita com o que já alcancei em minha profissão, mesmo desejando libertar meu ego ambicioso.

Mandamentos do "eu devo" que não posso ignorar:

EU DEVO ACREDITAR QUE MINHA AMBIÇÃO
É UMA VIRTUDE, NÃO UM DEFEITO
e
EU DEVO ACREDITAR QUE O MUNDO
MERECE OUVIR FALAR DE MIM

Você vence do seu jeito

Acredito que não há limites para a oportunidade. Sou muito ambiciosa. Sou incrivelmente apaixonada por meu trabalho. Mas também sou igualmente apaixonada por minha família e meus amigos. Se você for uma mulher ambiciosa, uma mulher que ainda tem muito com o que contribuir, não precisa escolher entre uma carreira expressiva e uma vida feliz e prazerosa fora do trabalho. Deve apenas administrar a sua vida para que possa conseguir tudo isso. Esse objetivo é uma virtude, e ele é alcançável? Totalmente.

Deborah Saweuyer-Parks, presidente e CEO da *Homestead Capital.*

Considere essa definição virtuosa de vencer como uma mulher ambiciosa que compete e contribui para o mercado:

1. Você deve amar o que faz. Deve estar disposta a se lançar ao trabalho com afinco e a lutar por qualquer oportunidade profissional que a motive.
2. Você deve considerar suas mais profundas aspirações profissionais como incondicionalmente sagradas. Suas ambições são tão importantes quanto qualquer outra prioridade em sua vida, o que inclui o namorado, marido, filhos, amigos, pais e as responsabilidades sociais. Para se tornar uma pessoa melhor – e viver sem mágoas ou frustrações – você deve acreditar nisso com todo o seu coração.
3. Você deve sentir que lhe cabe, por direito, ganhar o quanto merece. Deve ser capaz de cobrar o seu valor integral de mercado, sem autocensura, sem recusar dinheiro e sem se sentir uma impostora só porque ganha tanto quanto um homem – ou mais.

Uma nova mentalidade: lute por sua ambição

Nós, mulheres, estamos dispostas a sangrar até morrer por muitas coisas. Para ser clara, considero essa capacidade uma força, não uma fraqueza, pois, desse modo, rejuvenescemos e nos renovamos. Dou valor à minha resiliência, força e coragem. Devemos ser livres para valorizar nossa ambição sem ter que nos justificar e sem nos punirmos por isso.

Podemos fazer uma mudança coletiva se compreendermos que nossa carreira, nossa vocação profissional – o desejo de amar o nosso trabalho – fazem parte de nós, como boas mães, esposas fiéis, colegas solidárias, amigas de verdade. Porque é nosso direito, nossa capacidade e nossa obrigação.

Até aqui, redefinimos o significado de mulher ambiciosa e discutimos o que devemos valorizar para aprender a ser como ela. Agora, estamos prontas para conhecer um conjunto de regras, especialmente elaborado para a mulher ambiciosa e determinada a ganhar mais dinheiro, ter mais poder e conseguir o reconhecimento que merece.

Parte II

As regras da mulher ambiciosa

Cinco

Pare de sabotar a ambição

Agora, você aprenderá estratégias e técnicas poderosas que vão ajudá-la a tornar-se uma mulher ambiciosa de verdade. Em primeiro lugar, vou mostrar-lhe como você foi levada a aceitar ambições menores. Isso vai mantê-la longe de armadilhas muito comuns, impostas por nós mesmas, que levam as mulheres ambiciosas a subestimar inconscientemente o seu valor.

Auto-sabotagem socialmente aprovada: lobo em pele de cordeiro

Dizem que "a forma mais segura de manter um homem na prisão é não deixá-lo saber que ele está lá". Semelhante a isso, podemos dizer que a forma mais segura de manter uma mulher longe de sua ambição profissional é fazê-la acreditar que ela já chegou lá.

Por que tantas mulheres, sem perceber, sabotam suas ambições? Por toda parte, encontramos idéias desalentadoras a respeito das mulheres, disfarçadas em termos otimistas e, às vezes, até falseadas. Essas idéias são colocadas na forma de qualidades desejáveis que as mulheres deveriam cultivar, e nós as aceitamos e internalizamos. Entretanto, essas idéias e qualidades não são desejáveis – elas são lobos em pele de cordeiro, levando-nos a sabotar nossas próprias crenças e condutas. Ao aceitá-las e agir de acordo com elas, nós, mulheres, comprometemos nossa ambição, prejudicando nosso bem-estar. É a isso que chamo **auto-sabotagem socialmente aprovada**, que nos leva a atar nossas próprias mãos às costas.

Para ser clara, um lobo em pele de cordeiro é algo ruim disfarçado de algo bom. As mensagens visíveis são os atributos aparentemente positivos que devemos aceitar. Por exemplo, mulheres são cooperativas e solidárias por natureza. As mensagens veladas – os lobos – são as sutis, às vezes inconscientes, crenças que desenvolvemos a partir das mensagens visíveis. Por exemplo, considerando que as mulheres são cooperativas e solidárias, é errado diferenciar-se no mercado de trabalho e ostentar o merecimento, ou como exemplos morais, é uma violação da ética pessoal e profissional admitir e dominar o jogo político da empresa. Acreditar nessas mensagens nos leva a sabotar nossa vida profissional. Vamos conhecer alguns comportamentos auto-sabotadores:

- Abrir mão do seu crédito por uma tarefa ou idéia para sempre dividi-lo com a equipe.
- Ter medo de pular no ringue e competir como uma lutadora de verdade.
- Deixar de pedir aconselhamento profissional porque nos faz parecer fracas.
- Evitar o confronto e permitir que aproveitadores roubem nossas idéias.
- Aceitar pagamento inferior ao que valemos.
- Não confiar em nosso instinto e recuar diante de sabotadores e oponentes.
- Ser muito responsável com os outros e irresponsável com nossas necessidades.
- Não se expor de modo algum porque secretamente tememos ser incompetentes.

Não há nada de errado em ser solidária, justa, prudente e responsável, mas há algo de muito errado em negar ou ignorar o fato de que todas essas qualidades podem trabalhar contra você. Elas podem impedi-la de experimentar uma nova oportunidade, de assumir riscos que poderiam resultar em grandes ganhos, de enfrentar alguém quando é preciso, de ser dura mesmo diante da desaprovação dos outros, ou de receber o crédito que você merece. Qualquer boa qualidade, levada a ferro e fogo, acabará apunhalando-a pelas costas. Mulheres são incentivadas a incorporar e manifestar essas qualidades. Nas Regras da Mulher Ambiciosa, apresentadas a seguir, vou ajudá-la a identificar todos esses pontos cegos e atitudes em seu comportamento, para que você possa mudá-los e parar de se auto-sabotar.

Seis

Regra nº 1 da mulher ambiciosa

Seja uma lutadora

Uma grande oportunidade de negócios surgiu. Tivemos de preparar uma apresentação completa a um provável novo cliente, incluindo estimativas de custos. Meu chefe estava fora devido a uma emergência familiar, e assim assumi a coordenação de todo o processo. Reuni dados e materiais das áreas de vendas, marketing, *publicidade, finanças e novas tecnologias, fui a executora do trabalho todo, além de reorganizar as informações de* marketing *e redigir grande parte do material referente às novas tecnologias. Quando atendi o telefonema comunicando que havíamos vencido a concorrência, o novo cliente acrescentou que eu havia sido o fator decisivo para ganharmos o contrato. Ao retornar, meu chefe disse: "Não sei quem escreveu essa apresentação, mas ela está muito bem elaborada, um excelente trabalho". Respondi que todos nós havíamos contribuído com a tarefa, que era um trabalho de equipe, o blablablá "feminino" de sempre. Porém, quando retornei à minha mesa, senti-me uma "titica" por não ter assumido o crédito.*

ADRIANA, 32 anos, corretora de investimentos.

Muitas mulheres não agem como verdadeiras lutadoras. Elas acreditam não ter personalidade empreendedora. Ou que talvez tenham, mas gastam tempo demais planejando e perdem o prazo. Ou se justificam dizendo que estão muito ocupadas para assumir outro problema. Enfim, qualquer que seja o raciocínio, elas deixam a oportunidade passar. Contudo, mesmo quando aproveitam a chance, deixam escapar o crédito a que fazem jus, abrindo mão de um pré-requisito fundamental para conquistar posições de liderança, reconhecimento, promoções e um salário compatível com o conhecimento demonstrado e os resultados alcançados. Por que é tão difícil para as mulheres reivindicar as glórias por suas conquistas? Por que não aproveitamos mais as oportunidades para competir como líderes de equipe, líderes de negócios, profissionais atuantes que fazem a diferença? Por que relutamos em mostrar nossas forças? Por que não conseguimos dizer: "Sim, *eu* fiz tudo acontecer" (em vez de *nós fizemos*)?

Fomos educadas para acreditar que é nosso destino sermos apenas mais um membro da equipe, cooperativas, solidárias e realizadas, e que competir – reivindicar crédito individual – é incompatível com essas virtudes. Existe uma explicação do por que as mulheres ambiciosas caem nessa armadilha.

Pele de cordeiro (mensagem visível): Mulheres são bem-educadas, cooperativas e dedicadas, naturalmente predispostas ao trabalho em grupo, procuram por soluções que beneficiam as duas partes. Mulheres podem e devem usar essas vantagens no mundo do trabalho.

Lobo (mensagem velada): Levar o crédito pelo próprio trabalho é egoísta e errado. Competir significa que alguém ganha e outros perdem, o que é inaceitável. *Competição* é uma palavra feia. Trabalhar de forma estratégica, agressiva e proativa para se destacar na equipe é falta de educação e um desrespeito. Interromper, contrariar ou enfrentar alguém superior comprometem a nossa feminilidade, fazem-nos parecer agressivas e rudes e até colocam nosso emprego em risco.

Auto-sabotagem socialmente aprovada: Você não fala, não contraria, nem enfrenta ninguém. Não expõe suas idéias, a menos que tenha absoluta certeza de que elas estejam corretas e que serão bem recebidas. Você espera os outros terminarem de falar e acaba perdendo a vez de se manifestar. Somente observa, pois teme ofender alguém com sua competitividade natural. Perde para os rivais. Impede o próprio avanço profissional porque não se permite brilhar. Por fim, se decide entrar no jogo, não trabalha para que suas conquistas sejam notadas.

Se você não está disposta a subir no ringue e expor suas idéias, se não leva a sério a necessidade de ser e agir como uma competidora de verdade, então seu reconhecimento profissional não vai acontecer. No Teste de Realidade a seguir, responda verdadeiro ou falso a todas as questões para determinar se você se sente bem ao aceitar o devido crédito por seu trabalho, se não acredita que tem o direito de fazê-lo ou se deixa o mérito para a equipe.

TESTE DE REALIDADE

Consigo tudo o que mereço?

Exercício do Diário da Ambição

- Tenho absoluta clareza de que, no mundo dos negócios, se eu não entrar no ringue para lutar, serei deixada para trás.
- Quando surge uma oportunidade para mostrar os meus talentos, eu a agarro logo.
- Tenho uma estratégia para manter minhas realizações visíveis.
- Sei que existem maneiras elegantes e inteligentes de conseguir meu devido crédito sem perder meus valores e parecer uma "piranha".
- Não tenho medo de ostentar minhas conquistas quando um projeto dá certo.

- Quando alcanço um objetivo ou alguém reconhece o meu trabalho, nunca digo: "Não foi nada. Tive sorte".
- Jamais minimizo meus talentos e realizações.
- Se fosse indicada para um prêmio, aceitaria sem hesitação.

Se você respondeu verdadeiro a todas as questões, está em ótima forma. Entretanto, se respondeu falso a uma ou mais questões, você tem algo a aprender. Mas, não se preocupe! Vamos mudar essa situação agora.

Assuma o seu crédito

Um dia, abri uma importante revista de negócios e descobri que uma jornalista que me consultara sobre um assunto usara, textualmente, dois parágrafos que eu lhe havia enviado sem citar meu nome como autora. Sim, liguei para ela, reclamei de sua conduta antiética e consegui uma resposta satisfatória na forma de uma entrevista publicada no número seguinte. Diante do roubo de minhas idéias, pude confrontar a responsável, manifestar meu desagrado e saber que, pelo menos, fiz a coisa certa.

Estou sempre me surpreendendo com a quantidade de mulheres ambiciosas e bem-sucedidas que preferem calar-se diante de uma ameaça ao seu capital intelectual. Quantas vezes em sua vida você deixou de se defender quando alguém se apoderou do crédito que lhe era devido? Quantas vezes você foi passada para trás por alguém menos talentoso e produtivo, porém mais esperto?

Durante minha pesquisa, entrevistei por e-mail milhares de mulheres e sempre recebi muitas respostas com idéias e relatos de experiências. Porém, após perguntar: "Em relação à arte de assumir o crédito por seu trabalho, que conselho daria para outra mulher ou que tipo de atitude deu certo para você?" – não obtive nenhuma resposta. Algum dos exemplos a seguir lhe parecem familiar?

- Você fez mais da metade da pesquisa e escreveu 90% do relatório. Então, por que seu nome aparece sem qualquer destaque ou nem sequer aparece?
- Seu chefe a cumprimenta por um resultado excepcional; em vez de agradecer o reconhecimento que merece, você imediatamente cita outras pessoas, cuja contribuição foi pequena. Então, na avaliação de desempenho seguinte, surpreende-se ao perceber que só recebeu o reajuste referente ao dissídio salarial obrigatório e nada mais.
- Você desenvolve um projeto para organizar um novo departamento. Supõe que sua chefe reconhecerá todo o seu trabalho publicamente, por isso é pega de surpresa quando ela, sem lhe dizer nada antes, anuncia que ela mesmo falará sobre o projeto (sem lhe dar o devido crédito) na reunião geral da empresa, que contará com a presença do CEO (Chefe Executiva de Operações) e de outros diretores. Paralisada, você permanece em silêncio.

Sem dúvida alguma, é muito complicado decidir como e quando assumir o crédito de que se é merecedora, quando compartilhá-lo com os outros e quando negociá-lo, seja de forma explícita, seja de forma sutil. Com freqüência, optamos por dois comportamentos extremos e difíceis.

Comportamento extremo 1: manterei a cabeça baixa e trabalharei em silêncio

Se acreditamos que "manter o silêncio e trabalhar com afinco" vai garantir o crédito que merecemos, ou que ser apenas mais um membro da equipe é mais importante do que ver as próprias realizações recompensadas, então perdemos. Permaneceremos como a boa e competente funcionária que ninguém nota. Esse tipo de atitude traz conseqüências extremas para a nossa carreira.

O tempo todo, você compartilha seu crédito ou renuncia a ele, como se espera que uma boa menina o faça. Fica chocada quando recebe um aumento que não reflete a sua contribuição ao faturamento da empresa. Mantém a boca fechada e deixa de receber muito dinheiro em melhores salários, participação nos resultados e bônus. Deixa de receber promoções, aumentos e o reconhecimento do mercado, o que poderia lhe trazer mais e melhores oportunidades dentro e fora da empresa. Mas, não tem que ser assim.

Você pode pensar: "O que posso fazer se a questão do crédito não faz parte da cultura de minha empresa?" Ainda assim, é preciso lembrar que, mesmo numa cultura corporativa como essa, as pessoas são promovidas ou escolhidas para assumir posições de liderança. Por isso, existe competição. Por isso, há pessoas observando.

Dóris, 42 anos de idade, diretora de criação e executiva sênior de uma grande agência de publicidade a quem entrevistei, contou-me que uma ex-chefe (a quem chamaremos senhora Exploradora) costumava apropriar-se do crédito pelo trabalho dela, na sua frente e pelas costas. Quando Dóris recebeu seu primeiro aumento de salário, esperou até que a senhora Exploradora se ausentasse do escritório, procurou a chefe de sua chefe (senhora Eu Valorizo Você) e disse: "Esse aumento não corresponde de jeito nenhum ao dinheiro que ganhei para esta agência só nos últimos seis meses. Esse aumento é uma piada e você sabe disso". Assim, ela conseguiu um aumento três vezes maior. Quatro anos depois, quando a senhora Eu Valorizo Você deixou a empresa, ela levou Dóris consigo, deu-lhe um cargo de vice-presidente, no qual ela pôde brilhar e levar sua ambição para ainda mais alto. Ela também conseguiu um salário fantástico e uma sala, na qual a senhora Eu Valorizo Você fez questão de colocar o nome de Dóris.

Cabeça para cima! Você precisa prestar atenção para conseguir sua recompensa.

Comportamento extremo 2: Pode me chamar de piranha, mesmo! Saia do meu caminho!

Entretanto, se começamos a reivindicar nosso crédito de uma forma totalmente deselegante ou sem qualquer estratégia, corremos o risco de perder a credibilidade e de não alcançar nossos objetivos. A pessoa que age de maneira arrogante e hostil diante de seus colegas de trabalho faz surtir efeito contrário ao que se espera ao posicionar suas idéias e contribuições para a empresa. Uma das mulheres que entrevistei tem uma história a esse respeito: "Meu chefe, obviamente também ambicioso e competitivo, mantinha uma política focada na equipe – Todos juntos! Vamos vencer! Um dia, ele disse para uma colega de trabalho que se a ouvisse dizer 'eu' ou 'meu' mais uma vez, ele a mandaria para casa". Além de perder o emprego, outra possível conseqüência pode advir no momento de sua avaliação de desempenho, quando sua fama de arrogante e falastrona vier à tona. Ou seja, hoje em dia, para decidir quem promover e quem demitir, muitas companhias consideram não apenas a avaliação dos supervisores, mas também relatórios e a opinião da equipe. Se tratar seus colegas e empregados com hostilidade, não alcançará suas ambições.

Estratégias para ser uma lutadora peso pesado

O seu Portfólio de Ouro

Nem todo gerente vai dar a você o reconhecimento por seu trabalho ou o crédito e a remuneração que você merece. Comece agora a organizar um portfólio de projetos bem-sucedidos que você liderou. Ele será o seu Portfólio de Ouro, cheio de sucessos. Escreva um resumo imediatamente após o término de cada projeto, enquanto os dados ainda estiverem claros em sua mente – registre todos os pontos relevantes, incluindo datas, números e valores envolvidos, tudo o que possa documentar como suas idéias, as decisões tomadas e sua liderança aumentaram o faturamento e os lucros e melhoraram a fidelização dos consumidores ou as relações com os funcionários. Guarde notas de clientes importantes. Não hesite em pedir a um cliente para ligar ao seu chefe ou CEO e dizer como ele está satisfeito com o seu trabalho. Além disso, esse contato é uma oportunidade para melhorar a rede de relacionamentos do cliente e do chefe. Veja isso por esse ângulo e se sentirá menos relutante em fazer o pedido.

Use o e-mail

O e-mail é realmente uma ótima ferramenta para conseguir crédito por seu trabalho. Se você for boa no que faz, se fez algo excepcional, envie um e-mail para o seu chefe ou cliente relatando as suas realizações ou apresentando uma idéia sofisticada que reflita o nível de suas qualificações – sem dizer diretamente como você é maravilhosa. Lembre-se: você deve mostrar, e não dizer; deve descrever seu processo de pensamento ou de decisão ou os obstáculos que enfrentou e como superou todos esses desafios. Eis alguns exemplos: "Enquanto eu fazia isso (indique o projeto ou o assunto), tive a seguinte idéia ou *insight*..." Seja específica, mas sucinta.

Quando receber cumprimentos por e-mail, não hesite nem por um instante. Imediatamente, encaminhe a mensagem ao seu chefe, à sua equipe, ao chefe do seu chefe, apenas acrescentando "Para sua informação." Coloque essa expressão no campo do assunto e no alto do corpo da mensagem. O resto – tudo o que é preciso ser comunicado sobre o seu valor – já está expresso nos cumprimentos. Pratique esse mantra:

PARA SUA INFORMAÇÃO – ESPALHE!

Recupere uma oportunidade perdida para ter seu crédito

O que você faz quando perdeu uma oportunidade de assumir seu crédito e abriu mão dele? Você precisa corrigir esse erro.

Vamos retomar o relato de Adriana. Quando retornou à sua mesa, ela gastou apenas dez minutos "sentindo-se uma 'titica'" antes de redigir um e-mail para o seu chefe em que dizia: "Não sei por que não lhe disse isso quando me perguntou, mas a verdade é que eu mesma liderei aquele projeto e escrevi a carta de apresentação". O resultado? Ele reiterou o elogio e Adriana sentiu-se, enfim, justiçada e bem melhor.

Obviamente, Adriana poderia ter retornado ao escritório do chefe para reparar o seu erro aos brados; tentar recuperar a oportunidade perdida pessoalmente é uma outra opção caso você se sinta melhor.

Uma dica extra: Pergunte-se sempre o que você faria de diferente ao deparar-se com a mesma situação novamente. Perguntei à Adriana o que ela fará da próxima vez que seu chefe disser sobre um projeto seu: "Bom trabalho. Não sei quem escreveu isso, mas está excelente". Ela respondeu sem pestanejar: "Eu diria: 'Obrigada. *Eu* desenvolvi o projeto. Fico feliz com os seus comentários'". Assumir seu crédito é o primeiro passo para se tornar uma lutadora.

Convicção: seu valor de dentro para fora

Para aceitar o crédito que vem de fora, temos de nos sentir bem em nosso íntimo, especialmente porque ainda existem estereótipos sociais trabalhando contra nós – por exemplo, a pesquisa *Women Take Care, Men Take Charge* [Mulheres Tomam Cuidado, Homens Tomam Conta], realizada em 2005 pela Catalyst, uma organização norte-americana cujo objetivo é ampliar as oportunidades para as mulheres no mundo do trabalho, descobriu que as mulheres executivas ainda são vistas, por seus colegas homens e mulheres, como menos qualificadas do que os homens executivos para "'assumir' comportamentos, como delegar tarefas e influenciar superiores". Temos que nos defender, pois não podemos contar com os outros para fazê-lo por nós. Veja algumas estratégias para demonstrar que você é uma lutadora e defende o seu crédito:

1. Evite eufemismos – uso de expressões polidas para suavizar o sentido. A advogada sênior Judith Thoyer me disse que essa é a forma mais comum usada, por exemplo, pelas jovens advogadas, que iniciam uma frase que deveria ser afirmativa da seguinte maneira: "Por favor, corrija-me se eu estiver errada, mas...", "Você provavelmente já pensou sobre isso, mas..." ou "É provável que você já tenha tido idéia melhor, mas vou lhe falar da minha mesmo assim...". Usar expressões que denotam uma modéstia exagerada diminui sua credibilidade.
2. Detenha o impulso de citar o ponto de vista dos outros antes de expressar o seu. Por exemplo, não comece sua fala dizendo: "Bem, entendi que a sua preferência é pôr o plano C em prática..." ou "Sei que você se sente fortalecida sobre essa questão...". Não procure confirmar a posição de cada pessoa na sala – essa busca infrutífera por consenso é um convite para andar em círculos. Fuja disso.
3. Fale na primeira pessoa ao discutir suas propostas: "A minha idéia é a seguinte...", "Imaginei que deveríamos tentar essa estratégia...", "Acho que faz sentido...", "Minha pesquisa revelou que esse é o melhor caminho para...", "Acabo de identificar em nosso relatório anual...".
4. Não procure validar o seu ponto de vista, perguntando: "O que você acha?" após terminar a sua apresentação. Essa prática a faz parecer insegura.

Sua recém-descoberta autoconfiança indica que você falará naturalmente quando for convocada. Não precisa gritar para chamar a atenção. Ao contrário, deve assumir o crédito por sua vitória com discrição e dignidade, mostrando aos outros que você sabe o quanto vale – e que eles também deveriam saber. Uma vez que se sinta confiante em aceitar o reconhecimento por suas realizações, será mais fácil compartilhar o crédito com aqueles que merecem, de modo que construa alianças e encontre estratégias para compartilhar a glória.

Desarme o oponente

Nos negócios, para ser uma lutadora, às vezes, é preciso desarmar o oponente. Por exemplo, em geral, as pessoas esperam que certos negociadores de primeira linha cheguem a uma reunião com uma postura arrogante, vociferante, agressiva, impositiva. Vi uma negociadora agindo em ambientes predominantemente masculinos, onde eles se consideram os reis do universo. Quando ela entra numa briga, coisas incríveis acontecem: todo mundo quer ajudá-la, inclusive seus adversários. Ela desarma a todos enquanto domina a sala. Como? Transmitindo a idéia de que esse é um esforço de equipe, porque ela é carismática e confiante. Então, ela se concentra de modo cooperativo nos assuntos que estão em discussão, em vez de agir de acordo com a expectativa de seus adversários. Ela usa essa atmosfera que criou não para ganhar todas as questões, mas para ganhar – e conseguir o devido crédito – aquelas que lhe interessam.

Não hesite. Diga: "Farei"

Não hesite; apenas faça: "Vou fazer a descrição do projeto e seus resultados, e falar sobre nossa equipe e suas responsabilidades na reunião de amanhã". Caso outra pessoa tente roubar a sua cena, fique firme e fale na hora da apresentação do projeto ou junte-se a ela em vez de calar e ferver de raiva. Além disso, procure participar de comissões ou projetos, incluindo aqueles que ninguém mais quer se envolver. Encontre formas sutis de manter as pessoas informadas regularmente sobre suas atividades, conhecimentos que adquiriu que podem ajudar a equipe ou a organização. Um breve comentário na copa da empresa durante um café é o bastante para mantê-la na vista de todos.

Antes de um projeto começar, documente por escrito dados e informações que especifiquem como as responsabilidades, os prêmios financeiros e os créditos serão divididos. Isso não significa que você exigirá um contrato assinado pelo seu chefe. Significa que anotará as discussões e decisões tomadas e redigirá memorandos ou e-mail que serão enviados aos demais colegas de equipe.

Veja como você pode fazer isso. Ofereça-se para secretariar as reuniões do projeto, anote todas as discussões – especialmente qualquer informação que venha a proteger e reconhecer o seu trabalho – e elabore atas. Envie-as por e-mail a todos os participantes. Mande aos seus superiores ou a clientes qualquer informação relevante que você ache que todos devam conhecer, além de mantê-los a par do andamento das atividades. Além do mais – faça isso sempre –, anote e date o que é dito nas reuniões. Documente tudo sistematicamente. Tome nota da data e da hora de uma ligação, se for importante. Arquive toda a documentação para que possa encontrá-la facilmente quando precisar. Não é necessária nenhuma perfeição. Certifique-se apenas de manter um registro de algo que fez e que deu certo. Se você tiver de enfrentar um jogo duro com algum concorrente, será difícil para ele discutir com fatos, datas e números.

Faça follow-up

Faça *follow-up* de comunicações, chamadas telefônicas, reuniões e memorandos, usando diversos meios para reforçar a sua mensagem. Se você enviar um e-mail a fim de atualizar os outros profissionais sobre o andamento de um projeto, diga na mensagem que também vai deixar uma mensagem de voz. Então, seria importante fazer uma rápida visita ao escritório deles, para certificar-se de que receberam sua informação. Se os encontrar numa reunião e trocar alguma idéia com eles, avise-os que vai enviar uma nota a respeito do assunto mais tarde. Se receber um e-mail e responder, não presuma que a pessoa recebeu sua mensagem; ela pode ter sido perdida ou ter passado despercebida. Faça *follow-up* por telefone para confirmar o recebimento. Joy Machelle Williams, diretora sênior de patrocínios da ESPN, contou que ela sempre usa essa estratégia porque "nunca se sabe como as pessoas processam ou recebem uma informação; algumas a assimilam apenas ao ouvi-la; outras têm que vê-la por escrito para absorvê-la". Ao fazer seu *follow-up*, diga coisas como: "Envio este e-mail para me certificar de que meu entendimento está correto. Também deixarei um recado de voz apenas para ter certeza de que você recebeu esta mensagem". Ao visitar um cliente em seu escritório ou ao encontrar um colega no restaurante, pergunte: "Recebeu minha mensagem com as ótimas novidades a respeito...?" Uma dica: Seja sempre o mais breve possível; restrinja-se ao essencial. As pessoas são ocupadas, não têm tempo para ler ou ouvir longas mensagens. Em e-mail, aproveite o campo de assunto para resumir a mensagem e comece sua nota com "Para sua informação".

Jamais pense que uma pessoa simplesmente quer ignorar sua mensagem ou que não retornou sua ligação ou e-mail porque não está interessada. Não seja como muitas mulheres que presumem o pior. "Ele não respondeu meu e-mail, e já faz cinco dias. Isso só pode ser um mau sinal." Em decorrência, elas nada fazem e fracassam em seu *follow-up*, deixando escapar oportunidades de conseguir o devido reconhecimento. Quando descobrem que, simplesmente, a pessoa nunca recebeu sua comunicação, já é muito tarde. Muitas vezes, as pessoas apenas estão muito ocupadas, por isso um toque gentil pode render a resposta que você tanto espera. Não pense que foi rejeitada.

Garanta que as pessoas a encontrem com facilidade. Ao deixar uma mensagem de voz, sempre mencione duas vezes o número do seu telefone, mesmo se a pessoa tiver essa informação. Em e-mails, inclua todos os seus dados para contato.

Exercite a escrita

Aprenda o "bê-á-bá" da redação para escrever *releases*, cartas, artigos, livros, folhetos e *briefings*, que tenham grande apelo e uma circulação potencial. Escreva artigos para o jornal da empresa. Ofereça-se para coordenar a publicação de um relatório ou de uma revista para a sua companhia. Se você não for uma boa escritora por natureza, colabore com outras pessoas que são. Cuide para que o material seja distribuído em toda a companhia e também a clientes, jornalistas, amigos etc. (É claro que, se a empresa tem uma política de relações públicas restrita, você deve trabalhar sempre em conjunto com esse departamento – o que significa obter sua aprovação – para certificar-se de que está em conformidade com ela.) Se estiver redigindo um resumo executivo, um relatório ou um artigo sobre um projeto que liderou, lembre-se de mencionar seu nome e respectivo cargo. Aproprie-se do que é seu; não deixe essa informação fora do relatório por medo de parecer narcisista ou arrogante. Se outras pessoas estiverem escrevendo o relatório, avise que quer vê-lo antes de ser distribuído e certifique-se de que seu nome ou seu cargo seja incluído e relacionado em um lugar de destaque. Se o seu nome tiver sido omitido, com delicadeza, mas também com grande firmeza, peça ao autor que corrija a falha e insista em ver e aprovar a versão final antes de ser impressa. Faça um *follow-up* com um e-mail reafirmando sua expectativa.

Compartilhe com colegas e superiores as informações referentes a uma conferência profissional que assistiu ou organizou ou na qual ministrou uma palestra. Basta uma dica ou um dado estatístico – resumidos em uma linha, mesmo que seja no campo de assunto. Ainda que eles não abram as mensagens, lerão a linha de assunto – breve e atrativa –, e seu nome permanecerá em suas mentes, vinculado ao seu crédito. Faça um *follow-up* de suas sugestões verbais resumindo em um memorando suas idéias e recomendações para transformar objetivos em resultados. Envie cópia para todos aqueles que devem saber sobre essa grande idéia. Seja concisa, porém específica: quanto dinheiro será economizado, quanto será ganho etc. Após uma reunião, envie um e-mail para todos os participantes contendo um resumo de suas sugestões, com cópia para todos os que deveriam saber que você é a autora delas. Guarde todos os e-mails e memorandos que registram acordos e comunicações importantes e inclua-os em seu Portfólio de Ouro, para prevenir a apropriação indébita de seu crédito.

Pense em contratar um publicitário e planejar uma campanha de relações públicas ou, pelo menos, aprenda a fazer sua propaganda. Mantenha seu nome em evidência para que todos saibam que você é uma profissional completa, disponível para elaborar pareceres especializados, dar consultoria e fazer ótimos negócios.

Dar para receber

Esse é um dos segredos para ser uma mulher ambiciosa bem-sucedida – alguém que não faz inimigos (mas lembre-se: isso não quer dizer que todos precisam gostar de você). Assim, uma das estratégias para conseguir crédito é desenvolver a reputação de ser o foco da equipe. Ser uma líder forte e respeitada, que admira e reconhece sua equipe, vai garantir o seu crédito, precisamente porque você cultivou em todos um sentimento de lealdade. Confie em mim: o crédito vai gravitar ao seu redor se você usar a estratégia de reconhecer as pessoas que apóiam o seu sucesso. Aprenda a fazer esse trabalho.

Cenário: Você analisa um acordo e descobre que há um problema. Você e sua equipe preparam-se para telefonar ao cliente. Você pensa em algumas idéias, enquanto os demais apresentam abordagens diferentes – algumas são boas, outras são ruins. Às vezes, a pessoa mais nova na equipe (vamos chamá-la Sandra) tem uma idéia realmente boa para resolver o problema. Você é a líder e quem falará com o cliente ao telefone, mas sua equipe também participará. Se abordar uma questão que se relacione com a ótima idéia de Sandra, você pode dizer: "... e essa idéia é de Sandra", em vez de tomar o crédito para si. Esse tipo de atitude constrói uma enorme lealdade. Por quê?

Em geral, o profissional mais experiente que dirige uma reunião toma para si o crédito por qualquer idéia. Assim, ao atribuir a idéia a um subalterno, você lhe confere credibilidade diante do cliente ou do chefe. Além disso, com essa atitude, deixa claro que valoriza o seu talento e reconhece o seu potencial. Por fim, mostra que você é, sim, uma mulher ambiciosa, mas não uma "pilantra".

Comemore as vitórias

Vamos retomar o exemplo de Adriana, que conseguiu ganhar uma concorrência e fechar um grande acordo. Há uma coisa que ela deveria ter feito para conseguir o crédito por suas conquistas e que você também deve fazer: comemorar oficialmente a vitória. Você liderou todo um processo de trabalho complexo envolvendo muitas pessoas que tinham diferentes atribuições, e *você* venceu. Agora, deve comemorar para reconhecer oficialmente a vitória da equipe e da empresa.

Como e quando? O melhor é comemorar depois do expediente com bebidas ou um jantar. Não é necessário que seja algo requintado, ao contrário, pode ser simples como uma churrascaria ou um salgadinho na sala de reuniões no final do dia. Organize a comemoração logo após a vitória, para aproveitar a sensação de realização por um trabalho bem-feito que contamina todos da equipe. E, o mais importante, convide o chefe. Por isso, somente agende a festa depois de confirmar a presença dele.

Você é quem deve coordenar a organização das comemorações porque liderou a equipe, assim como é você quem, durante a festa, deverá falar sobre o trabalho e a vitória. E, claro, é preciso conseguir a adesão dos participantes para validar o total reconhecimento do seu crédito. Felizmente, conseguir uma grande adesão depende de sua autenticidade como pessoa e de suas habilidades como profissional. Por exemplo, não seja formal se a festa for simples. Em vez disso, opte por algo que a faça se sentir fortalecida. Que tal começar a celebração com uma piada? Ou talvez prefira abrir a festa sugerindo que todos ergam um brinde juntos. Gestos simples como esses mantêm a animação em alta – e a sua comemoração. Estar à frente de um evento como esse significa ter a capacidade de comunicar e projetar uma sensação de bem-estar e com a habilidade de trabalhar de forma cooperativa. Também significa ter, é claro, a habilidade de fazer os outros se sentirem à vontade e serem espontâneos para conversar, brincar e, assim, fortalecer as relações pessoais e profissionais.

Agora, para desenvolver a lealdade de seus subordinados, tudo será ainda melhor se as pessoas gostarem de você. Uma vez criados o clima de celebração e a lealdade da equipe, seus subordinados farão tudo o que você planejou – especificamente, eles lhe concederão o crédito por uma vitória e contarão como você conseguiu chegar lá.

A propósito, você não precisa ser a chefe para organizar um evento como esse; pode sugeri-lo ao seu supervisor, que poderá achar ótima a idéia e dizer: "Fantástico! Vamos lá". Assim, mesmo se você for apenas um membro da equipe, tome a iniciativa e faça a coisa acontecer sempre que puder – especialmente se o seu chefe ou outros superiores não fizerem. Demonstre simpatia e energia.

Corrigindo velhas crenças

"Oh, meu Deus! Jamais poderia fazer isso!"

Você pode pensar: "Espere um instante. Organizar uma comemoração pode parecer muita presunção; não vou me sentir bem fazendo isso". Ou: "Sou apenas um membro da equipe. Não posso me oferecer para organizar e coordenar uma comemoração desse tipo'. Correção: Sim, você pode. Além disso, poderá sentir-se muito bem se reconhecer que tem as habilidades necessárias para fazer uma coisa dessas acontecer e precisa apenas aprender a aplicar esse talento em seu trabalho.

Na verdade, você já tem experiência nesse campo. Acredite, se foi capaz de organizar as festas de aniversário de seus filhos ou sobrinhos e lidar com o palhaço que apareceu bêbado, pode perfeitamente dar conta dessa comemoração. Se já organizou um jantar para um amigo em meio a um turbilhão de problemas, pode se sair muito bem promovendo a festa da vitória de sua equipe. A diferença entre as festas sociais e a da sua empresa é que esta ainda lhe trará o crédito que você ganhou por ter metas e desempenho ambiciosos.

Como estou me saindo?

Para evitar parecer uma imbecil e conquistar apoio – até mesmo dos rivais –, seja humilde e mantenha-se aberta ao aperfeiçoamento pedindo um *feedback* sincero de seus colegas, supervisores e clientes. Esse tipo de avaliação oferece dados importantes para você melhorar seu desempenho e sua habilidade como lutadora. Pedir *feedbacks* específicos, fazendo duas ou três perguntas em determinada área, aumenta as suas chances de receber uma resposta. Essa abordagem também rende apoio e respeito para você, pois as pessoas passam a vê-la como alguém aberta a um *feedback* honesto e disposta a melhorar – ótimos atributos destinados a construir sua imagem de lutadora. Ah, sim, quando você receber um *feedback* positivo, espalhe com um "Para sua informação" e registre-o.

Quando chegar o momento de ser avaliada, faça uma auto-análise. Dois meses antes da revisão de seu salário, consulte seu Diário da Ambição e seu Portfólio de Ouro e, com base em dados recentes, produza uma auto-avaliação de uma página. Inclua todas as informações que demonstrem o valor de seu trabalho e seus créditos. Relacione as vitórias, como alcançou cada uma, os desafios superados, as decisões tomadas, o lucro e os resultados obtidos, custos reduzidos e qualquer outro benefício gerado diretamente por meio de suas contribuições. Indique também eventuais oportunidades que não conseguiu assumir, mas que se prepara para fazê-lo. Mencione programas de desenvolvimento profissional dos quais participou, o que aprendeu e como fortaleceu ainda mais a sua capacidade de liderança. Por quê? Porque, como Judy Johnson, vice-presidente executiva e diretora administrativa da região oeste da GolinHarris, diz aos seus funcionários: "Sua visão sobre seus pontos fortes e fracos e sobre seu trabalho pode ser bem diferente da visão de seu chefe – e quero ouvir o que vocês têm a dizer".

Seja a porta-voz de sua empresa

Envie para a equipe e-mails periódicos com novidades importantes a respeito do campo de atuação da empresa, notícias que você recebeu de outras pessoas ou que coletou em jornais e revistas. Envie também resumos de importantes atividades ou projetos já concluídos com uma descrição sucinta das responsabilidades de cada profissional envolvido (compartilhando o crédito), dos problemas que a equipe resolveu e como conseguiu resolver, e também o fantástico resultado financeiro alcançado. Não se intimide em mostrar entusiasmo ou falar sobre como as pessoas superaram os próprios limites. Almoce com os colegas do escritório e não hesite em fazer pequenos comentários sobre o que ouviu em uma palestra ou conferência. Ser a porta-voz das histórias da equipe e da empresa mantém vivo o seu nome. Estar no ringue exige manutenção do contato com outros funcionários de sua organização, mesmo que sejam de diferentes departamentos ou equipes. Mantenha-se visível e será uma lutadora.

Mulheres odeiam sentir que estão se autopromovendo. Por isso, contar histórias é uma ótima forma de evitar essa situação. Você conta a história do por que merece um determinado crédito – sem ser explicitamente arrogante. Sobretudo quando coordenou um projeto, atingiu um objetivo complicado ou resolveu um problema cabeludo, essa é a oportunidade perfeita para sentar-se e dizer: "Olha, essa foi uma situação interessante. Vou contar-lhe como tudo aconteceu..." Assim, você conta a história, sem nenhuma conotação de vanglória, e de um jeito que deixe evidente, por meio da narrativa, que o seu papel foi importante.

Calma, essa história ainda não acabou! À medida que relata a sua aventura de negócios, intercale alguns *flashes* de seu raciocínio – que mostra não apenas as decisões que tomou, mas também as alternativas engenhosas as quais considerou. Desse modo, mais uma vez, você deixa a história falar por si em vez de arrotar competência ou nocautear os outros para fora do seu caminho. Por exemplo, depois de relatar os acontecimentos, as decisões que tomou e os resultados, fale também de outros caminhos que considerou para resolver os problemas: "Bem, pensei em um determinado método e comparei com este outro..." (ofereça aqui algumas informações breves sobre o seu raciocínio). Ou: "Inicialmente, pensei em lidar com essa pessoa de um jeito tal, mas preferi este outro... " Então, peça um *feedback*: "Pensei em seguir nessa direção. Você acha que daria certo?". Deixar a porta aberta para comentários a respeito de suas decisões é uma boa oportunidade para aprender outras formas de agir que lhe poderão ser úteis no futuro.

Tenha amigos em todo lugar

Um dia, uma amiga telefonou-me para dizer que havia recebido um prêmio nacional de liderança oferecido por um partido político que não era o dela. Deveria aceitá-lo? "Sim, sem dúvida," respondi. Por quê? Porque você precisa ter amigos nos dois lados. Precisa pensar que esse reconhecimento permitirá que você trabalhe com objetivos mais amplos que a levarão a realizar algo ainda melhor, independentemente do partido. Minha amiga trabalha em nível global com organizações de todas as partes do mundo, além de participar das Nações Unidas. Nesse exemplo, uma preocupação míope com os partidos políticos poderia impossibilitar novas oportunidades de financiamento ou de cooperação que poderiam beneficiar milhares de pessoas em todo o planeta; com isso em mente, ela decidiu aceitar o prêmio.

No caso de uma empresa, o que significa ter amigos nos dois lados? Significa construir relacionamentos e alianças com funcionários de outros departamentos e equipes, e até mesmo com os seus oponentes. É claro que você não vai compartilhar informações confidenciais ou interesses intelectuais com os rivais. Porém, vai encontrar essas pessoas muitas vezes ao longo dos anos em eventos profissionais e sociais – e é muito bom conhecê-las, manter contato regular e permanecer visível na rede de relacionamentos de sua área de trabalho. Essa é uma forma estratégica e inteligente de manter seu nome em evidência. Nunca se sabe quando esse esforço terá valido a pena.

Aceite os prêmios

Com freqüência, vejo mulheres ambiciosas sabotarem o próprio trabalho, recusando um prêmio ou um título ou, ainda, uma posição de liderança, alegando as seguintes razões:

- Elas não se sentem no direito de aceitar uma indicação ou um cargo, pois não acreditam em suas qualificações. Por exemplo: "Não sou realmente uma especialista nessa área. Eles cometeram um equívoco. Meus colegas ririam disso. Eu poderia ser vista como uma impostora arrogante. Não estou preparada para esse desafio".
- Elas pensam demais nas questões políticas envolvidas e nas possíveis razões que motivaram o comitê de seleção do prêmio. Por exemplo: "Não vou aceitar por uma questão de princípios. Sei que me escolheram só porque sou uma das poucas mulheres nessa área e apenas estão usando o meu nome para posarem de superiores".
- Elas preferem evitar a luz dos refletores. Por exemplo: "Não quero ter de fazer um discurso diante de mil pessoas, ainda mais sabendo que o evento será televisionado".

Agindo dessa forma, elas acabam dando um tiro no próprio pé. Não me refiro aqui a aceitar um prêmio da Associação dos Matadores de Filhotes de Foca, se você é contra o massacre desses dóceis animais. Porém, seja razoável, não reacionária.

Explorar o interesse de certas organizações em reconhecer mulheres proeminentes é uma forma perfeitamente respeitável de permanecer no jogo. Hoje em dia, companhias e outras instituições querem ser vistas como favoráveis aos direitos da mulher. Algumas vezes, a indicação vem de um desejo sincero de identificar e desenvolver mulheres ambiciosas. Outras vezes, o objetivo do prêmio é reverter a reputação ruim em relação às mulheres. Há, também, casos de prêmios que são instituídos como estratégia para atrair e reter mulheres de talento:

Recebi um prêmio – e era um prêmio importante – da Escola de Direito de Colúmbia. Até aí, tudo bem, a não ser pelo fato de que não teria sido escolhida se não fosse mulher. Naquele ano, o comitê de seleção visava justamente premiar uma aluna; comemorava-se o 75º aniversário da admissão de mulheres na Escola. Estava na companhia de grandes personalidades e de pessoas que receberam outros prêmios. Nem por um minuto me preocupei com o fato de estar ali por ser mulher. E daí?

JUDITH THOYER

Conclusão: Não importa a motivação de um prêmio – explore-a. Como? Fique atenta às empresas e organizações que procuram indicar mulheres para suas comissões ou conselhos ou que desejam premiar mulheres. Inscreva-se. Peça para outra pessoa inscrevê-la ou indicá-la. E, sem dúvida, se uma oportunidade dessas cair em seu colo, aceite-a com confiança e orgulho, sabendo que você fez jus a ela.

A atitude competitiva

Falamos de negócios. Negócios não funcionam como uma grande família, em que todos são parentes ou amigos que se dão as mãos em um círculo de solidariedade. Negócios não são um lugar onde você é a mãe protetora que cuida das necessidades e dos sentimentos de cada um. Negócios são um jogo. E jogo é competição. Não é pecado competir. Não é pecado tentar ser diferente, melhor e mais apto a ter poder e reconhecimento, sem se preocupar se alguém sente ciúmes ou nutre mágoas devido ao seu sucesso.

A realidade na vida e nos negócios é que algumas pessoas são melhores do que outras; algumas são líderes, outras são gerentes, outras tomam decisões, algumas nascem para levar uma missão até o fim, outras, não. Estas são seguidoras ou apenas não são tão boas como você é no que faz. Você pode ser afetiva, impetuosa e inconstante em sua vida pessoal fora do escritório. Porém, no trabalho, mantenha uma postura competitiva.

Imagine-se entre as pessoas mais bem remuneradas de sua área. Você é uma lutadora. Faz tudo para receber o crédito que merece. Como resultado, é valorizada. De hoje em diante, imagine-se como uma profissional que ganha um alto salário. Pense nas sábias palavras da empresária Barbara Corcoran:

> Vendi minha empresa dois anos após ela estar pronta para ser vendida. Esperei esse tempo porque não me sentia bem em ganhar vários milhões de dólares. Acho que era porque eu tinha a sensação de que, se vendesse o negócio, ficaria rica. Eu me preocupava com o que os outros pensariam de mim se fosse rica. Por isso, tive de esperar para vender no momento certo para mim.

Quando Barbara, por fim, vendeu sua empresa alguns anos atrás, as notícias indicavam que o valor da venda girou em torno de 70 milhões de dólares. Ela me contou que, depois da venda, ficou "assombrada com todos aqueles zeros". Imediatamente, Barbara ligou para a mãe, a quem ela atribui tudo o que aprendeu de mais importante sobre negócios. Sua mãe deu-lhe os parabéns e reafirmou-lhe o quanto era maravilhoso ter todo aquele dinheiro.

Comece hoje a sentir-se bem com a idéia de ser uma mulher rica. Não espere.

Como uma brilhante e competente mulher ambiciosa que é, seu trabalho é falar o que pensa quando está preparada e quando tem uma opinião consistente a dar. Você deve aprender a fazer isso, não importa o quanto seu chefe ou cliente lhe pareçam poderosos e inatingíveis. Mostre o que você esteve fermentando em sua mente. A sua visão sobre um problema pode ser a correta. Seu conhecimento e boas idéias podem arrasar a concorrência. Para tanto, esteja disposta a colocá-los sobre a mesa. Se não for assim, como fará para que todos conheçam as suas propostas e as suas realizações para, desse modo, conquistar reconhecimento e melhor remuneração?

Agora, você está pronta para entrar no ringue e tornar-se uma verdadeira lutadora. As pessoas irão reconhecer o seu trabalho. Observe como, daqui para a frente, você acumulará crédito, poder e dinheiro, à medida que usar seus recém-desenvolvidos músculos dignos de uma lutadora peso pesado. Quando chegar a hora de recolher suas glórias, simplesmente tome posse do que é seu. Prometo-lhe o seguinte: a sensação é ótima quando se pega o jeito – e quanto mais você exercitar seus músculos para conquistar seu crédito, mais fácil se torna.

Regra nº 2 da mulher ambiciosa

Torne-se uma profissional melhor com a melhor orientação

A maioria das mulheres ambiciosas com quem já trabalhei durante todos esses anos, no princípio, reluta em procurar ajuda ou orientação. Elas não pegam o telefone nem enviam e-mails para solicitar o aconselhamento de pessoas conhecidas que poderiam ajudá-las a solucionar algum problema profissional difícil. Elas não contratam um especialista para analisar sua estratégia de negócios e diagnosticar o que está dando certo e o que não está – e como elas poderiam ser mais eficientes e produtivas profissionalmente. Se contratam um consultor em gestão de carreira, escondem de todos. Ao contrário delas, meus clientes homens se gabam de ter um; além disso, eles definitivamente aproveitam qualquer benefício da companhia para cobrir os custos com desenvolvimento profissional.

Uma corretora de investimentos de 28 anos contou o quanto foi difícil para ela procurar ajuda no início da carreira: "Prefiro não depender de outras pessoas para fazer algo. Pedir orientação é uma coisa muito complicada para mim". Quando pedi a ela que explicasse as razões desse comportamento, teve dificuldade em responder.

> Realmente não sei por quê. Creio que, em parte, é porque não confio em que uma outra pessoa vá responder de um modo positivo ao meu problema. Contudo, eu só aprendi recentemente que pedir ajuda é um jeito inteligente de desenvolver maior eficiência como profissional. Antes disso, eu pensava que fazer tudo sozinha, sem pedir qualquer ajuda externa, sempre me levou para onde eu queria estar. Assim, por que me arriscar a parecer tola ou fraca pedindo orientação a uma outra pessoa?

A resistência da mulher ambiciosa em procurar assistência tem raízes na seguinte auto-sabotagem socialmente aprovada:

Pele de cordeiro (mensagem visível): Mulheres deveriam ser auto-suficientes, especialmente no mercado de trabalho atual. Elas precisam apresentar-se de maneira confiante, forte e igual, com o objetivo de manter o respeito na arena profissional.

Lobo (mensagem velada): Pedir *feedback* e aconselhamento revela a vulnerabilidade feminina. Pedir ajuda é vergonhoso. Significa que elas não conhecem a própria capacidade.

Auto-sabotagem socialmente aprovada: Você se isola profissionalmente. Acredita que seus colegas sempre sabem lidar com os dilemas profissionais e que você é a única precisando de apoio. Você se reprova por não ter todas as respostas. Não aproveita as oportunidades de desenvolvimento profissional – mesmo quando a companhia paga os custos – porque se sente envergonhada ou constrangida. Ou não investe tempo, esforço e dinheiro em uma consultoria de carreira porque pensa que deveria ser capaz de solucionar tudo sozinha.

Não é preciso reinventar a roda

De vez em quando, toda mulher ambiciosa precisa de *feedback* e de orientação. Se não procurarmos ajuda, arriscamo-nos a cometer os mesmos erros toda vez que tentarmos avançar em nossos objetivos ambiciosos. O falso orgulho proveniente do medo de parecermos incompetentes só serve para retardar nosso progresso profissional, financeiro, intelectual e criativo. Usado de modo eficiente, um conselho de consultores pode ser um recurso altamente produtivo, econômico e rápido para dar um impulso em seus objetivos profissionais. Seu propósito é educá-la e orientá-la em sua busca por novos horizontes. Os consultores podem lhe oferecer perspectivas novas e diferentes, assim como guiá-la na direção certa. A orientação profissional vai aumentar radicalmente a sua percepção em relação aos negócios, porque seu foco é dirigido à situação específica de sua carreira, opera no seu nível de conhecimento e tem como alvo os seus objetivos. Pode ainda reverter uma estratégia que conduz ao precipício.

Como formar seu conselho consultivo

A sua primeira tarefa é identificar de cinco a sete tutores para orientá-la. Tenha em mente o seguinte: eles deverão concordar em aconselhá-la; você terá de estabelecer um relacionamento com eles; eles oferecerão orientação e apoio moral e serão as pessoas com quem você vai comemorar as suas vitórias. O objetivo principal é cercá-la com uma equipe inspiradora e estimulante.

Certifique-se de que os profissionais escolhidos sejam mais astutos e experientes do que você, e não hesitem em alertá-la quando estiver na direção errada. A experiência e o conhecimento de cada tutor devem complementar os dos outros. Ao escolher profissionais de várias áreas, você vai preencher todo tipo de lacuna no seu desenvolvimento. Sua meta é formar um grupo que possa oferecer orientação especializada nas mais diferentes áreas, dependendo de suas necessidades: desenvolvimento de liderança e desempenho, administração, plano de negócios, relações públicas, planejamento estratégico de carreira de longo prazo, *marketing*, finanças, estratégias de rentabilidade, orçamento, contabilidade, vendas, serviços ao consumidor, orientação jurídica etc. Contudo, lembre-se de que, para uma orientação profissional complexa e de longo prazo, você precisará ser assessorada por um segundo conselho, formado por especialistas contratados, como advogados, auditores e outros. Selecione profissionais de reconhecida competência, com experiência em negócios e que sejam capazes de motivá-la. São pessoas que podem mostrar-lhe como ser mais ousada e criativa. Não se intimide em abordar os melhores e mais brilhantes – mesmo se você não conhecê-los pessoalmente. O que de pior pode acontecer? Se eles disserem não, agradeça e peça a indicação de outros profissionais a quem você possa consultar.

Além disso, lembre-se de anotar todos esses contatos em seu Diário da Ambição; registre como os localizou, de quem foi a indicação etc. Essa lista vai crescer ao longo dos anos. Acredite: você esquecerá como conseguiu o nome de uma pessoa, por isso, documente, documente, documente.

Corrigindo velhos pensamentos

"Oh, meu Deus! Jamais poderia fazer isso!"

Você pode pensar: "Eu nem saberia por onde começar. Quem eu consultaria? Não conheço ninguém. E se eles me recusarem ou me humilharem? Perdi o contato com os velhos colegas; como vou procurá-los, após perdê-los de vista, sem ficar constrangida por aparecer agora só para pedir uma indicação?" Correção: Você *pode* fazer isso. Leia atentamente os dez pontos a seguir e registre as respostas em seu Diário da Ambição. Assim, você terá os consultores dos seus sonhos logo, logo.

Primeiro round, *identifique seus candidatos. Depois, recrute os escolhidos*

1. Você precisa de pessoas que lhe darão orientação franca e direta, mesmo quando for duro ouvir. Por isso, essa é a principal razão para raramente ou nunca ter amigos ou parentes em seu conselho consultivo. Embora bem-intencionados, eles são muito próximos de você para serem objetivos ou o desejo deles de proteger seus sentimentos vai exceder sua habilidade em lhe dar aconselhamento sério e preciso.
2. Defina as áreas em que você precisa de ajuda. Essa lista servirá de base para relacionar possíveis candidatos. Lembre-se: seu conselho precisa ser formado por consultores de várias formações e experiências.
3. Pense na pessoa a qual você tem mais medo de abordar. Anote seu nome.
4. Escreva também o nome de uma segunda pessoa perante a qual você fica nervosa.
5. Quem mais você acha intimidador? Anote os nomes de todos.
6. Pense nos colegas de quem você perdeu o contato. Anote seus nomes. Isso também vai ajudá-la a se lembrar de outras pessoas interessantes.
7. A respeito de quem você leu em revistas e jornais? Anote todos os nomes. Não, não é preciso conhecê-los. Não, não importa se eles têm o perfil elevado – aliás, isso é bem melhor.
8. Quais pessoas você jamais contataria por serem muito poderosas, muito intimidadoras ou, você imagina, muito ocupadas, mas que seriam perfeitas para você? Anote seus nomes.
9. Examine todos esses contatos. Quais deles surgem como candidatos ideais para fazer parte de seu conselho?
10. À medida que contatar seus candidatos, peça outras indicações e inclua todo novo nome que for recomendado em sua lista de candidatos.

Comece a contatar seus candidatos hoje

Agora, comece a telefonar e a enviar e-mails para cada candidato preferencial de sua lista ou procure-os pessoalmente.

O que você vai dizer? Se o candidato não a conhece, mas lhe foi indicado por um colega em comum, comece a conversa referindo-se a esse conhecido (que, espera-se, já tenha escrito ou telefonado para informá-lo de seu contato). Em seguida, diga-lhe muito sucintamente quem você é e o que faz. Lembre-se: dizer que as pessoas são ocupadas nunca é o bastante, por isso identifique-se com uma frase curta.

Se tiver uma pergunta específica, faça-a ao candidato, também sucintamente; seja clara sobre o que lhe interessa e de que forma ele pode ajudá-la. Se for necessário deixar uma mensagem de voz ou escrever um e-mail, seja ainda mais breve, sem esquecer de mencionar exatamente por que o contatou e como ele pode encontrá-la.

Lembre-se sempre de deixar o número do seu telefone duas vezes; informe seus dados para contato toda vez que deixar um recado ou escrever para essa pessoa, pois isso facilita e agiliza muito a resposta dela.

Se o seu objetivo é fazer consultas periódicas, identifique-se e indique um ou dois pontos que deseja desenvolver em sua carreira, tudo com muita brevidade. Então, pergunte-lhe se você poderia contatá-lo eventualmente para fazer-lhe uma pergunta rápida. Diga: "Sei que você é extremamente ocupado. Fulano de tal (o conhecido em comum) me disse que você é um especialista no que faz". Em outro caso, você pode dizer que leu a respeito dele ou dela, mencionando o tema da matéria ou um trecho da entrevista. "Estou certa de que tenho muito a aprender com você. Adoraria procurá-lo de vez em quando para fazer-lhe breves perguntas." Afinal, todo mundo gosta de ter seu ego massageado. Existe maneira melhor de se aproximar de um ambicioso ferrenho?

Quando esperar para contatar conselheiros potenciais

É mais fácil conseguir a atenção de uma pessoa se você procurá-la com uma pergunta específica ou uma estratégia e objetivos claros, em vez de solicitar um vago aconselhamento para sua carreira. Com isso em mente, só entre em contato com seus possíveis conselheiros quando tiver uma consulta definida para fazer. De qualquer modo, jamais ligue para alguém e diga: "Adoraria aproveitar os seus conhecimentos e perguntar como você conseguiu chegar onde está". Isso a desqualificará automaticamente diante de qualquer consultor.

Às vezes, o melhor é começar de um modo natural. Por exemplo, você envia um e-mail ao seu consultor candidato solicitando um comentário para incluir num artigo ou relatório que está escrevendo. Ou telefona para verificar as referências de um profissional que pretende contratar, ou ainda para consultar a respeito de uma empresa que lhe interessa. Quem sabe, não serão eles a contatá-la primeiro para pedir alguma informação. Nesse caso, anote seus dados e, talvez, em seis meses ou dois anos, quem sabe?, será a sua vez de procurá-los para pedir orientação.

Se for contatar alguém do seu nível, proponha que um ajude o outro trocando questões e discutindo temas, conforme a necessidade.

Se ainda se sente relutante em procurar ajuda, pense no seguinte: em minha experiência, sete entre dez pessoas ficarão satisfeitas em compartilhar seus conhecimentos com outros profissionais. As outras três podem ter razões diferentes para recusar seu pedido, que nada têm a ver com você. Não leve para o lado pessoal; apenas continue procurando orientadores mais entusiasmados.

Esteja disposta a contratar uma assessoria especializada – organize sua equipe agora

Em geral, prefiro pagar pela orientação que recebo de meu conselho consultivo. Assim, tudo fica mais claro e definido. Além disso, não me sinto em dívida com ninguém, que, aliás, pode ser difícil de pagar, principalmente agora que estou muito envolvida com minha carreira e, ao mesmo tempo, cuidando de dois filhos pequenos.

JANET SCARBOROUGH, Ph.D., 41 anos, psicóloga clínica e consultora.

Eventualmente, todas nós precisamos de assessoria jurídica ou outro tipo de orientação de consultores profissionais. Não espere as coisas se complicarem para contratar seus consultores. Relacione os nomes de especialistas e de empresas de consultoria que você pode vir a precisar: um advogado especializado em propriedade intelectual? Um assessor para relações empresariais? Um contador? Um auditor independente? Um profissional de informática? Um publicitário? Um assessor de carreira? Um editor? Uma equipe especializada em internet e comércio eletrônico? Um consultor financeiro? Um estrategista de *marketing*? Um agente?

Você precisa agir como uma lutadora séria e preparada, sobretudo quando está em ascensão em sua área de trabalho. Por exemplo, no caso de receber uma oferta para ocupar uma alta posição, você já terá em mãos o nome de um advogado ou agente que poderá analisar o contrato e assessorá-la na negociação salarial. É nesse momento que você poderá dizer simplesmente: "Bem, vou passar o contrato e a proposta salarial e de benefícios para o meu representante", e você será capaz de dizê-lo com a serena confiança de quem sabe o que faz para valorizar a própria carreira. Lembre-se: jamais revele o quanto ganha em seu atual emprego. Deixe os especialistas cuidarem disso para você.

Comece a elaborar sua lista agora. Levante informações com colegas e amigos – as referências pessoais são as melhores. Quando precisar de orientação especializada, não pechinche, não contrate uma assessoria barata. Investir em um serviço de qualidade vai economizar seu tempo e dinheiro, e você não precisará demitir um consultor incompetente.

Esteja disposta a telefonar ou enviar um e-mail

Aprender a pôr uma equipe de consultores em ação vai ajudá-la a desenvolver autoconfiança, conhecimentos e poder. Veja como ajudou Lisa Taylor, 28 anos, a atingir seus objetivos e também as metas da companhia e dos investidores:

> Chegamos a um impasse entre o advogado de um investidor e nosso advogado, que disse: "Não consigo ir adiante com o advogado desse investidor; ele não está disposto a negociar essa questão". Procurei minha diretora, Débora, que me disse: "Bem, não posso ligar para esse investidor; você é a única que o conhece. Aqui está a oportunidade de usar sua capacidade de relacionamento para resolver esse problema". Então, perguntei: "Acha que posso simplesmente telefonar para um investidor e pedir ajuda?". Ela respondeu: "Com toda a certeza". Assim, liguei e expliquei-lhe o que havia acontecido e ele disse: "Está bem. Vou falar com o meu advogado". Foi superfácil. Ele decidiu pelo acordo, simples assim. Então, Débora concluiu: "Viu? Não lhe disse?".

Perguntei à Lisa de que forma ter aprendido a mobilizar seu conselho consultivo ajudou-a a dar melhores rumos a seus objetivos. Antes de responder, ela me corrigiu: "Ainda estou aprendendo!" Então, explicou como a habilidade de recorrer à sua rede de relacionamentos para pedir ajuda tornou-a uma profissional mais eficiente:

> Definitivamente, esse aprendizado mudou a forma como abordo um problema. Tudo ficou mais fácil para mim. Ontem mesmo, eu trabalhava em um acordo complexo, do qual também participa um de nossos investidores. Então, surgiu uma questão que poderia afetar esse mesmo investidor. Aí, alguém disse: "O que vamos fazer? Como vamos saber o que fazer?" Respondi: "Bem, vou ligar para o Rick" – um dos investidores com quem mantenho um bom relacionamento – "e perguntar o que

> ele pensa a respeito". Não sei se um ano atrás eu teria essa mesma idéia prontamente: "Ah, já sei, vou consultar essa pessoa conhecida para encontrar uma resposta". Hoje, recorro a esse tipo de solução com freqüência.

Essa predisposição para procurar ajuda ou orientação é uma via de mão dupla, pois consiste numa reciprocidade que fortalece as redes de relacionamentos. Lisa nos fala a respeito:

> Descobri que pedir ajuda é um processo recíproco – as pessoas também se tornam mais propensas a me consultar sobre alguma questão. Há poucas semanas, um de nossos investidores telefonou-me dizendo que havia contratado um novo funcionário para a sua equipe e me perguntou: "Poderia, por favor, convidá-lo para um almoço a fim de falar sobre a atividade da empresa?". Nossa atividade possui certas particularidades e agora é ele quem precisa de minha ajuda.

Além disso, sua auto-estima melhora, e sua credibilidade, influência e valorização profissional aumentam. Ver as pessoas em busca do seu conhecimento e orientação neutraliza qualquer sensação incômoda de insegurança, ao mesmo tempo em que fortalece o seu senso de competência. O hábito de pedir ajuda ainda traz novos contatos à sua rede de relacionamentos – para trocar informações e recursos e abrir novas oportunidades de trabalho. Você passa a ver-se como um bom negócio.

Observe mentores e pessoas que admira

Tenho muito respeito por minha chefe e por esta empresa. É um lugar fantástico para se trabalhar. Ela é meu exemplo direto, por isso tento assimilar tudo o que ela faz e compreender sua estratégia. Também procuro sentir um pouco o seu instinto para os negócios.

Christina, 29 anos, assistente júnior em um escritório de arquitetura.

Sempre que participar de uma reunião, qualquer contato com um chefe, um colega ou um consultor brilhante é uma oportunidade para observá-los. Seja uma aluna aplicada que quer aprender sobre o que essas pessoas fazem para serem tão bem-sucedidas. Estude suas formas de agir, seus processos de trabalho. Examine-as cuidadosamente. Disseque suas mentes para saber como elas conduzem uma negociação difícil, como tomam as rédeas de uma reunião que perdeu o rumo, como desarmam um tema explosivo, como organizam uma complicada apresentação de vendas e como fecham um acordo. Que estratégias deram certo? Quais não deram certo? Preste muita atenção: aprender com profissionais influentes e brilhantes é a sua oportunidade de obter mais conhecimento e poder. Não desperdice nenhuma oportunidade. Tome nota e reflita sobre o que observou. Sempre que puder, faça perguntas: "Por que decidiu tomar essa atitude com aquele funcionário?", "Como você conseguiu acalmar aquele cliente enfurecido?", "Quais foram as estratégias para vencer aquela concorrência?". As pessoas gostam de se sentir lisonjeadas, e fazer perguntas mostra que você admira suas habilidades e experiência. Não se esqueça também de que muitos profissionais gostam de orientar, ensinar e preparar outros profissionais promissores e interessados. Não seja tímida e peça orientação. Você obterá *insights* preciosos e mostrará que é uma lutadora séria.

Dirigindo uma reunião do conselho consultivo

Ao planejar uma reunião com o seu conselho consultivo, certifique-se de que seja uma experiência agradável para todos. Você pode organizar uma conferência telefônica de uma hora, por exemplo. Se não possuir os recursos necessários, contrate esse serviço em agências especializadas. Se algum consultor precisar fazer chamadas interurbanas, agradeça-o posteriormente com um presente especial ou outra forma de retribuição.

Algumas pessoas preferem reunir seus conselheiros para um café-da-manhã, almoço ou jantar. Se tiver condições, escolha um bom restaurante ou hotel que ofereça uma sala para eventos privados. Em troca da atenção total deles por algumas horas, você lhes oferecerá vinho e comida. Por um lado, eles vão apreciar a comida, a companhia de todos e o estímulo intelectual de orientar uma pupila tão ambiciosa. Por outro, você vai se beneficiar com conhecimentos e experiências. Em poucas horas, ficará encantada com a mina de ouro de novas idéias, todas só para você.

No caso de uma conferência telefônica, compre um gravador especial para telefone e grave a conferência. Se for uma reunião ou um evento em que você esteja presente, leve um gravador comum portátil. Não se esqueça de pedir a autorização de todos os participantes para gravar as conversas e explique que, assim, poderá registrar todas as informações e se concentrar livremente nos debates. Nesses encontros, é comum surgirem perguntas e idéias em sua mente, enquanto outra pessoa fala. Não interrompa; anote-as rápida e abreviadamente em um *bloco de notas* ou *laptop* e aborde o assunto oportunamente.

Outra etapa na organização de sua reunião inclui a preparação de seu plano de negócios, cujas cópias você deve distribuir a todos os conselheiros com antecedência. O plano é um resumo de idéias, preocupações e objetivos de curto e longo prazo. Dessa forma, poupará tempo valioso e direcionará as discussões. Você não pode iniciar sua reunião anunciando: "Eu tenho um grande problema. Então, o que vocês acham?". Quanto mais você for capaz de especificar antecipadamente o que procura, mais precisa será a orientação. Com o seu plano de negócios nas mãos dos conselheiros, estará livre para se concentrar na reunião e maximizar o seu tempo.

Após o encontro, retome as gravações e as notas, examine e reflita sobre as idéias, as informações e a inspiração que recebeu, sobretudo em fases de planejamento e transição. Esse processo vai ajudá-la a assimilar tudo o que ouviu.

Além das reuniões, você pode planejar uma série de contatos ao longo do tempo. Pergunte aos seus conselheiros se são receptivos a ligações telefônicas ou e-mails periódicos para esclarecer certos pontos, mantê-los informados sobre o seu progresso ou consultá-los sobre novas questões.

Promova reuniões do conselho a cada três meses. Pense nisso como seu próprio miniprograma de MBA para aperfeiçoar a sua carreira. O conhecimento adquirido durante esses encontros encurta o tempo entre a definição e a implementação de seus objetivos profissionais. Além disso, você consolidará contatos profissionais e cultivará novas amizades que podem durar a vida toda.

No tempo certo, não se esqueça de premiar seus conselheiros com "bônus" – uma nota manuscrita de agradecimento, um bom vinho ou um presente superior, como reconhecimento por ter alcançado um objetivo superior.

Em caso de dúvida, consulte pelo menos dois conselheiros – de preferência três – antes de agir

Consulte sempre pelo menos dois ou mais conselheiros antes de tomar uma decisão, sobretudo quando o risco for alto. Espere sempre pelos comentários de seus mentores. Se necessário, em certos casos, chame um advogado ou outro profissional para representá-la e conduzir a situação, poupando-a de lidar com uma área que você não domina.

Esqueça o "Sim, mas..."

Lembra-se da jovem pupila de meu programa de treinamento que respondia a cada orientação oferecida a ela com: "Sim, mas veja porque não posso fazer isso"? Tenho visto esse tipo de atitude em vários eventos da Aliança para os Negócios da Mulher. Não há nada mais desestimulante para alguém que oferece orientação do que a completa rejeição de conselhos e a mente sistematicamente fechada a opiniões. Por isso, mesmo que você discorde da orientação de seus conselheiros, mesmo que os comentários deles sejam duros de ouvir, mantenha a boca fechada e ouça. Pense no que eles têm a lhe dizer. Obrigue-se a questionar-se com franqueza sobre os verdadeiros motivos de sua resistência a outros pontos de vista. Tome cuidado com as suas reações defensivas e esteja disposta a livrar-se de algumas atitudes pessimistas ou negativas. Desse modo, poderá encontrar uma pérola, uma idéia valiosa que, de outro modo, você teria jogado fora sem maiores considerações.

Saiba quando dispensar um conselheiro

Rose, 44 anos, uma das profissionais por mim entrevistadas, contoume que teve como uma de suas primeiras mentoras uma eminente professora, com quem tivera aulas em um programa de MBA na universidade. Aos 30 anos, ela tinha um emprego estressante como vice-presidente de desenvolvimento de produtos em uma pequena empresa de *software* em Austin, Texas. Então, recebeu uma proposta incrível de uma grande empresa do Vale do Silício para lançar e coordenar uma linha de produtos, recebendo o dobro do salário, opção de compra de ações, um título maior e uma nova cidade para morar. Quando Rose telefonou à sua mentora a fim de dar a boa notícia, a professora lhe respondeu: "Acho que não deveria aceitar. É muita exposição, muito risco. Você faria melhor ficando onde está". Rose me contou que, após uma sensação de pânico inicial, ela mentalmente despediu aquela mulher de seu conselho. E aceitou o emprego que alavancou a sua carreira. Eu disse a Rose que aquela mulher era uma sabotadora. E ela me respondeu:

> Realmente, mas você pode imaginar como fui tola. Eu tinha 27 anos quando a conheci, e ela parecia me proteger sob suas asas. Eu sentia tanta vaidade por ter uma professora, aparentemente tão importante, apoiando-me, entende?

A lição: saber quando dar o cartão vermelho para alguém, mesmo que seja um líder influente de sua área de trabalho. Em minha vida profissional, sempre procurei me cercar de pessoas que pudessem me apoiar e que não me puxassem para baixo. Você precisa aprender a manter distância delas.

Até aqui, abordamos formas proativas de obter o crédito que você merece, incluindo estratégias para conseguir o devido reconhecimento para tornar-se uma verdadeira lutadora em um ambiente de trabalho competitivo. Também discutimos como ampliar suas competências por meio do apoio e da experiência de especialistas pesos pesados. Agora, você está pronta para arregaçar as mangas. No próximo capítulo, vamos tratar de um tema desagradável que, provavelmente, fará você se encolher – por exemplo: o que fazer quando é preciso encarar uma mentirosa ou um imbecil? Vou ensiná-la como dar conta do detestável trabalho que as mulheres ambiciosas mais odeiam: confrontar outras pessoas.

Oito

Regra nº 3 da mulher ambiciosa

Não tenha medo do confronto

Muito bem, o que fazer se toda essa orientação maravilhosa e o melhor planejamento não derem certo? Algumas vezes, ganhar poder, respeito, dinheiro ou o crédito que lhe pertence não acontece como a civilizada e refinada hora do chá, mesmo com todo o seu esforço em ser imparcial e prudente. Assim, o que fazer se pessoas inescrupulosas sabotam o seu trabalho ou mentem sobre você?

Em uma palavra, a resposta é: depende. A solução está ligada a cada situação específica. Às vezes, você deixa passar. Outras vezes, faz com que outras pessoas saibam o que realmente aconteceu. Com freqüência, trata-se de alguém que já é conhecido por fazer esse tipo de coisa, de modo que ninguém se surpreende.

Porém, às vezes, você deve deter a pessoa e adverti-la. Vejamos o que aconteceu com Raquel, 39 anos, chefe-encarregada de finanças.

Certa vez, ela envolveu-se numa situação comum nas pequenas empresas em processo de crescimento, em que muitas pessoas escalam os degraus da hierarquia sem possuírem as qualificações necessárias para o trabalho. Como profissional experiente, Raquel esperava que sua equipe tivesse se comportado do modo como geralmente as pessoas naquelas posições se comportam. A situação era desafiadora para ela, pois os funcionários estavam acostumados a fazer as coisas do jeito mais fácil e não da maneira correta. Isso aconteceu numa indústria farmacêutica, onde tal conduta duvidosa poderia causar muitos problemas, já que a legislação exige que o trabalho seja feito de acordo com padrões apropriados, caso contrário, as agências reguladoras podem até mesmo fechar a empresa.

Então, seus funcionários procuraram se livrar dela, sabotando seu trabalho de múltiplas formas: reclamando dela no departamento de recursos humanos, convidando o CEO para um *happy hour* a fim de falar sobre ela, desrespeitando-a na frente dos outros em reuniões etc.

Na época em que Raquel me procurou para orientá-la, o CEO estava convencido de que era preciso despedi-la. Contudo, quanto mais ela me falava sobre o que se passava no escritório, mais certeza eu tinha de que esses funcionários queriam pegá-la. Ela tinha um ótimo currículo e histórico de bom desempenho em outras empresas, além de ser muito competente. Apesar disso, começou a se sentir insegura e acabou passando por uma crise de baixa autoconfiança. O CEO já havia lhe dito, sem rodeios: "Se você não mudar as coisas, está fora". Além disso, o departamento de recursos humanos também passou a pressioná-la. Em seu programa de treinamento de executivos, ela redescobriu o equilíbrio e a autoconfiança. Por fim, percebeu que não era ela a chefe-encarregada de finanças errada para aquela empresa; na verdade, a equipe é que era a errada. E disse: "Foi muito difícil para mim, porque jamais desejei despedir ninguém. Sempre acreditei ser possível orientar, reabilitar e desenvolver". Minha resposta para ela foi: "Contratar pela atitude; treinar pelas qualificações. Se a atitude não está lá, você não vai querer investir todo o seu tempo, porque, francamente, essas pessoas querem pôr você para fora".

Raquel, então, começou a limpar a casa seletivamente. Depois, contratou pessoas dispostas a fazer o trabalho da maneira como deveria ser feito.

Diferente de Raquel, muitas mulheres esperam para tomar uma iniciativa quando já é tarde. Querem evitar o confronto a todo custo. Muitas vezes, as evidências de que uma mulher está sendo fritada são abundantes, ou seja, pessoas que escondem suas verdadeiras intenções e manipulam as situações para destruir sua autoconfiança e auto-estima. Em geral, os sinais de que outros tentam sabotar o trabalho de uma profissional são aparentes para qualquer observador objetivo. Mesmo assim, ela reluta muito em desafiar esse comportamento destrutivo e contraproducente; sua autoconfiança e a percepção de sua competência são destruídas por esse ambiente. O ponto alto da humilhação para ela é perder o emprego, sua segurança financeira, o respeito dos colegas e o amor-próprio.

A resistência em enfrentar as pessoas que querem prejudicá-la tem raízes na auto-sabotagem socialmente aprovada:

Pele de cordeiro (mensagem visível): Em geral, há um modo civilizado de lidar com um conflito. Mulheres devem esgotar todas as possibilidades pacíficas antes de pôr em questão o comportamento negativo de outras pessoas. É importante para uma mulher conceder aos outros o benefício da dúvida, dar uma segunda chance, ver o melhor de cada um e procurar ajudá-los a mudar em vez de enfrentá-los.

Lobo (mensagem velada): Recorrer a um confronto é iniciar um ataque sem justificativa contra alguém que pode não ser realmente ruim como parece ser. O confronto contradiz com os valores femininos.

Auto-sabotagem socialmente aprovada: Você duvida de si mesma e das claras evidências que mostram o que está acontecendo. Desconhece de que forma essa situação adversa prejudica a sua vida profissional e sua saúde mental. Você espera muito tempo até tomar uma atitude. Arrisca-se a perder o emprego. Sua credibilidade, reputação e capacidade de se sustentar podem ficar comprometidas.

No trabalho, as pessoas definem suas pequenas áreas ou territórios de domínio, marcados do mesmo modo como fazem os animais na natureza. Se alguém atravessa sua área de maneira imprópria, você reage. Saber quando a linha foi cruzada depende de cada situação específica, por isso, é difícil definir regras precisas. Porém, aprenda a se impor diante do adversário de maneira elegante e honesta.

Deter o ladrão de idéias

Uma equipe jurídica precisa fazer uma investigação sobre uma empresa antes de sua aquisição. Esse tipo de serviço exige trabalho externo, muitas vezes em condições precárias, longas horas de dedicação, inclusive em pesquisas na internet, viagens etc. O objetivo da investigação é identificar elementos que possam ser usados para determinar o valor correto para a compra. Em outras palavras, trata-se basicamente de identificar problemas – informações que possam indicar que a empresa não vale tanto quanto anunciado. O vendedor não é obrigado a apontar os problemas, assim, cabe ao comprador o ônus de descobri-los. Por isso, você precisa ter equipes de advogados para investigar.

Então, há uma reunião interna (sem a presença do cliente), em que a equipe apresenta suas descobertas ao parceiro (o chefe) para que ele possa decidir o que é importante e o que não é; o que dizer ao cliente e o que não dizer. Vamos supor que você está nessa reunião e um de seus colegas de repente diz ao chefe: "Descobri uma informação que, com certeza, será fundamental para o negócio". Você sabe que foi você quem desencavou aquele ponto na legislação, e não aquele idiota que está tentando roubar a sua façanha. O que fazer numa situação dessas?

Vejamos algumas opções, considerando que o roubo de sua idéia ou contribuição foi expressivo o bastante para justificar um confronto. Eu lhe recomendaria fazer uma ou duas coisas, dependendo da dinâmica do ambiente e da natureza de seu relacionamento com cada participante.

Uma alternativa é você dizer na hora, ali na reunião, de um jeito calmo e firme, mas não hostil: "Um momento, por favor; não foi bem isso o que aconteceu", até mesmo rindo um pouco enquanto fala. Afirme, em um tom respeitoso, mas imperativo, que não entende o que aconteceu, mas você é a autora da idéia. Diga isso publicamente, com um tom sereno e direto.

No caso de não achar correto fazer isso, por qualquer razão, fale então com seu chefe após a reunião. Procure-o e diga, de modo sucinto e sem parecer defensiva: "Aquilo não é verdade; o que aconteceu foi o seguinte...". Eu poderia ainda acrescentar: "Olha, não quero fazer dessa história um cavalo de batalha, mas acho importante você saber que foi assim que aconteceu. Apenas não acho correto o assunto ter sido apresentado de outra maneira durante a reunião. Quero que você saiba disso. Obrigada". Ou: "Fiquei surpresa ao ouvir Fulano dizer que ele descobriu aquela informação. Na verdade, fui eu quem cuidei desse assunto". Em seguida, saia. Não prolongue a conversa. Lembre-se: isso é negócio, não uma sessão de terapia.

Vale lembrar também que se você tiver seguido meu conselho e construído um senso de lealdade com seus subordinados, colegas e o chefe, todos conhecerão o seu trabalho e confiarão em sua integridade. Desse modo, nas raras ocasiões em que você precisar defender o seu crédito, já terá minimizado o risco de parecer uma chorona, porque trabalhou duro para estabelecer seu profissionalismo e seu modo ético de fazer negócios.

Avalie quando, onde e como deter um adversário

Tudo é uma questão de equilíbrio. Escolha a hora e o lugar certo para se defender, não deixando que os acontecimentos sigam seu curso. Deter um adversário é uma questão de manter a calma, ter uma estratégia e sentir-se segura o bastante para agir.

Aqui estão alguns exemplos que ampliarão o seu repertório de possibilidades:

Se você estiver em uma reunião, na qual uma decisão deverá ser tomada em, digamos, uma hora, não recomendaria dizer nada de imediato; isso porque o foco ali pode não estar em seu problema individual, mas no objetivo maior do negócio. Entretanto, se estiver em uma reunião em que tempo e decisão não sejam prioridades, e se alguém disser uma inverdade, dê uma resposta imediata a esse ladrão de crédito. No seriado *Everybody Loves Raymond* [*Todos Amam Raymond*], os personagens passam muito tempo brigando e dizendo coisas bem hostis e ofensivas. Contudo, os atores estão atentos ao tom, que é sempre controlado, de forma que os personagens não pareçam agressivos. Use a voz e a entonação para dizer coisas que são muito duras, provocantes e agressivas, mas sem transmitir raiva ou irritação extrema.

Observe estes exemplos para confrontar a pessoa que acaba de tentar roubar o seu crédito. "Você só pode estar brincando." Ou: "Você é louco?". Ou: "Fala sério!". Em seguida, continue seu comentário mordaz, porém bem-humorado, com uma frase como esta: "*Você* sabe" – sorria novamente para enfatizar o tom – "que foi *isso* o que aconteceu. Bem, mas não vamos nos distrair – vamos voltar ao assunto da reunião e discutir a melhor decisão a tomar. Mas, fala sério!".

Seja objetiva

Sempre que precisar confrontar alguém, você já sabe, seu objetivo é dizer simples e claramente: "Não, isso não aconteceu desse jeito" e, depois, seguir em frente. Não prolongue o conflito. Não se repita. Fale o mínimo possível.

Agora, se houver outras pessoas na sala, não diga: "Não é verdade, Sicrano?". Procurar a confirmação de terceiros faz você parecer defensiva. O pior é que coloca os outros em evidência, o que nunca é uma boa estratégia. As pessoas realmente bem-sucedidas relatam os fatos. Elas são objetivas, chegam ao ponto rapidamente. Se você puder falar do modo certo uma vez, e se tiver a atitude e os demais ingredientes que discutimos anteriormente, será capaz de retomar o crédito que é seu.

Como você confronta as pessoas

Se você estivesse com uma amiga íntima, com seu marido ou uma irmã, e eles lhe dissessem alguma bobagem, como responderia? O que faria se seu filho adolescente lhe contasse uma história claramente falseada? Como reagiria? Como seria o tom de sua voz ao responder a essas pessoas? Não se sentiria nem ameaçada, nem na defensiva, certo? Você poderia dizer: "O quê? Não entendi!". Esse é o tom certo para falar. Desse jeito, evita uma reação emocional. Você respeita, ama essa pessoa, mas ela está lhe dizendo uma mentira ou algo ridículo. É esse tipo de reação autêntica e direta que vai guiá-la na busca do tom perfeito para um confronto profissional. Por exemplo, em um evento social, você pode se referir ao que realmente aconteceu do seguinte modo: "Eu encontrei aquele problema no contrato, não foi você". Ou: "Fui eu quem passei aquela dica para o cliente, não você". E, assim, se for verdade e você estiver rodeada de colegas que conhecem a verdade, eles a respeitarão por não permitir que a mentira sobressaia. Entretanto, se apenas você e essa pessoa conhecerem a verdade, então, será mais arriscado. Lembre-se de considerar quando e onde seria melhor confrontá-la.

Não evite o confronto por ter medo de fazer um inimigo

Talvez você prefira evitar o confronto porque pensa: "Se eu enfrentasse alguém, comprometeria minha integridade e ganharia um inimigo?". Não. Quando uma pessoa ataca e você se defende, e isso irrita ou ofende o agressor, você não fez um inimigo – foi o agressor quem criou essa situação. Além disso, ao se defender, você preservou sua integridade, em vez de comprometê-la.

Atacada por um grupo

Decidir-se pelo confronto pode ser ainda mais difícil para uma mulher quando ela é atacada por uma turma formada por seus colegas de trabalho, sobretudo quando eles justificam o ataque alegando que ela tem reações emocionais ou age impulsivamente. Janete, 38 anos, executiva sênior em uma companhia de biotecnologia, foi atacada por um grupo que queria tomar uma decisão financeira arriscada sem consultar um advogado ou um auditor. Quando ela soou o alarme, avisando sobre o problema, um dos integrantes do grupo lhe respondeu: "Sabemos o quanto você é conservadora e medrosa". Assim, transformaram sua prudência profissional em uma questão de cunho emocional. Porém, como era somente uma mulher contra muitos, ela pensou: "Talvez essa minha preocupação venha realmente de um medo excessivo de arriscar-me". Isso lhe rendeu algumas horas de ansiedade até que conversou com seu conselheiro. O conselho? Insistir na necessidade de consultar um advogado ou auditor. Janete percebeu, então, que a pressa do grupo em tomar aquela decisão levantava suspeitas. Então, ela disse a eles que deveriam pedir a opinião de profissionais qualificados para o trabalho.

É difícil para uma mulher manter-se equilibrada quando é inferiorizada, sobretudo por um grupo. Não permita que essa situação prejudique sua autoconfiança, a ponto de você duvidar de seus instintos, de seu conhecimento e até da sua disposição de confrontar.

Lidar com o comportamento passivo-agressivo

O comportamento passivo-agressivo é um dos mais difíceis de expor, exatamente porque é dissimuladamente hostil. Pessoas passivas-agressivas jamais admitirão o que fizeram.

Enfrente essas pessoas fazendo o jogo delas; não confronte seu comportamento. Em vez disso, aprenda a colocar questões especialmente elaboradas para corrigir um erro específico. Rebeca foi a um evento receber um prêmio. E deveria ter recebido em dinheiro pelo tempo que gastou lá. Mas a chefe de Rebeca mudou o seu registro de horas e bloqueou seu pagamento. Então, Rebeca confrontou a chefe a esse respeito, dizendo: "Incluí em meu registro de horas o tempo que gastei para receber meu prêmio naquela conferência, conforme eu e você havíamos combinado. Depois, vi que mudou o registro sem me avisar. Eu devo ser remunerada por esse tempo e não fui, então, como podemos corrigir isso?". O primeiro impulso de Rebeca foi evitar o confronto, porém, se assim o fizesse, perderia poder e crédito, além de dinheiro e respeito. Para livrar a própria cara, a chefe fingiu ter havido um engano, e Rebeca recebeu o seu dinheiro.

Para deter o comportamento passivo-agressivo, experimente estes exemplos:

Cenário 1: Em uma reunião, alguém diz alguma coisa para pôr em xeque a sua credibilidade, mas de uma maneira velada, dissimulada, passivamente agressiva. Você jamais deverá reagir de forma grosseira, apenas diga calmamente: "Explique melhor para que todos nós possamos compreender por que você está dizendo isso". Ou: "Qual dado específico levou-o a essa conclusão?". Isso não será um convite ao confronto e à crítica? Improvável. Em geral, essas pessoas recuam rapidamente quando são enfrentadas, respondendo: "Ah, mas eu não quis dizer isso; esqueça". Não se preocupe – se, por exemplo, o idiota quiser se explicar, não o deixe falar muito; simplesmente interrompa-o com um tom divertido e sarcástico: "Tudo bem, então! Obrigada por esclarecer esse ponto para nós. Vamos prosseguir. O tempo está passando e temos outras questões a discutir".

Cenário 2: Uma de suas subordinadas espalhou comentários negativos a seu respeito pelas suas costas. Além disso, ela foi ao departamento de recursos humanos e reclamou de seu autoritarismo, que pressionava e esmagava toda a equipe. Nesse momento, você coordena uma reunião e ela, mais uma vez, sussurra alguma coisa. Em vez de fingir que não notou, dirija-se diretamente a ela e diga: "Desculpe, Fulana. Não conseguimos ouvir o que disse. Poderia repetir, por favor?". Ela provavelmente responderá: "Nada". Então, pressione-a um pouco mais: "Não, se você disse é porque deve ser algo importante. Não se acanhe. Estamos interessados em saber o que se passa em sua mente". Ela dirá: "Nada, realmente. Esqueça".

Em seguida, retome a sua pauta de discussões. Porém, toda vez que ela se comportar desse jeito, confronte-a na hora, usando expressões diferentes para questioná-la. Logo, ela perceberá que, se mantiver essa atitude, acabará parecendo uma tola, porque, afinal, você não tem medo do confronto.

A melhor estratégia aqui é colocar os criadores de caso passivo-agressivos sob os refletores. Faça-os responder por sua hostilidade. Com fre-qüência, uma pergunta direta e provocativa é o suficiente para fazer esse tipo de pessoa, que não passa de um garganta covarde, retirar o time de campo.

Estratégias bem-educadas e sutis para corrigir informações distorcidas

Vamos supor que você se defronte com uma situação em que precise corrigir uma informação distorcida – e precisa fazê-lo na hora – ou perderá a oportunidade e o seu crédito. Aja, porém, com cautela. Por exemplo, se, em um evento da empresa, a sua chefe assumir o papel de porta-voz do seu projeto, sem fazer menção ao seu nome, o que você pode fazer? Levante-se. Imediatamente. Assim que perceber o que ela está fazendo – não hesite um só instante –, levante-se! Junte-se a ela de improviso e descreva os desafios que você, ela – a sua chefe – e a equipe encontraram e como todos vocês os superaram até conseguirem o êxito final. Desse modo, deixará em toda a platéia a impressão inequívoca do papel importante que você desempenhou naquele trabalho. Se souber lidar bem com a situação – por exemplo, elogiando sua chefe, sim, por sua participação específica e, assim, fazendo-a parecer competente diante dos colegas e superiores – será (mais) difícil para ela repreendê-la mais tarde (a não ser que ela seja uma completa estúpida, o que, nesse caso, indica que o melhor a fazer é procurar outro emprego).

Além disso, você precisa estar preparada para uma vingança, como aconteceu comigo; e não foi nada divertido. Porém, deixar meu crédito ser roubado foi ainda menos prazeroso, por isso, valeu a pena lutar por mim.

Uma vez me vi obrigada a confrontar minha chefe abertamente em uma reunião. Depois, nos três dias que se seguiram, ela vinha à minha sala constantemente para dizer coisas assim: "Admiro a sua coragem de se defender". Uma hora depois, voltava: "O que você fez foi uma afronta! Totalmente inadmissível". Mais vinte minutos e: "Acho que fez a coisa certa. Você é um bom exemplo. Gostaria de ter sido tão ousada assim quando tinha a sua idade". Duas horas depois: "Deveria despedi-la". Diante disso, apenas ouvi. Afinal, já tinha feito o que precisava para me defender.

A possibilidade de um conflito sempre existe. Se você não suporta o confronto, precisa combater a tendência de subestimar o seu valor apenas para evitá-lo.

Às vezes, é preciso ir embora

Se você esgotou todas as estratégias para ter o seu crédito reconhecido e receber o salário que merece, mas nada funcionou, é hora de procurar novas oportunidades. Vamos conhecer a opinião de Pat Lynch, CEO da Women's Radio:

> Se eu já não tivesse um bom relacionamento com minha equipe, com meu chefe e com outros colegas, a quem podia dizer a verdade, eu deveria ir embora e procurar outro emprego, onde seria valorizada e respeitada. Não consigo trabalhar com pessoas que não tenham integridade.

Se essa hora chegar, e você decidir que é melhor mudar, lembre-se: não lamente, nem pareça arrogantemente concentrada no próprio desenvolvimento profissional. Apenas saiba que, às vezes, você simplesmente precisa ir embora. Ser uma mulher ambiciosa também é saber quando deve fazer isso por você e confiar em seus instintos.

Nove

Regra nº 4 da mulher ambiciosa

Faça-os pagar o quanto você vale

As mulheres fazem dois terços de todo o trabalho do mundo. Apesar disso, elas recebem apenas um décimo de toda a renda e possuem menos de 1% de todas as propriedades que existem no planeta.

Barber B. Conable Jr., ex-presidente do Banco Mundial, em um evento do Banco em parceria com o Fundo Monetário Internacional, 1986.

Organizei um seminário da Aliança para os Negócios da Mulher, que teve a participação da Dra. Tania L. Weiss, cientista, presidente e CEO de uma grande indústria farmacêutica e biotecnológica. Ela contou que uma vez contratou dois consultores igualmente bem qualificados: um homem e uma mulher. A consultora apresentou sua proposta, dizendo: "Espero que você concorde com os meus honorários de 90 dólares por hora". A Dra. Tania respondeu: "Claro". Por sua vez, o consultor apresentou a sua pelo mesmo serviço, afirmando: "Meus honorários são 175 dólares por hora", e a doutora também respondeu: "Claro".

Esse é um comportamento muito comum no mundo do trabalho: mulheres que aceitam ganhar bem menos do que o mercado é capaz de pagar pelo nível de suas qualificações e de experiência.

O mantra deste capítulo deve inspirá-la a vida inteira:

EU MEREÇO GANHAR O QUANTO VALHO.
VOU ASSUMIR O CONTROLE DA
MINHA VIDA FINANCEIRA.

Seja você ainda uma estudante à procura de sua vocação, uma jovem em início de carreira ou uma profissional experiente; seja você solteira, casada, divorciada ou viúva, com ou sem filhos; não importa o que estiver fazendo ou qual for a sua atividade, o seu pensamento deve ser: "Mereço ganhar o quanto valho e estar no controle de minha situação financeira em todas as fases de minha vida".

Entretanto, para receber o quanto valemos, precisamos nos sentir no direito de ganhar mais dinheiro e, mais do que isso, devemos nos sentir bem com a idéia de ganhar dinheiro sem culpa. Para muitas mulheres, este é um conceito difícil de pôr em prática. Poderia responder verdadeiro ou falso para as seguintes afirmações?

- Jamais se imaginou como uma mulher rica, financeiramente resolvida e totalmente no controle do seu dinheiro, bens e investimentos.
- A idéia de ganhar muito dinheiro – tanto quanto os mais altos executivos de sua área ganham ou, quem sabe, até mais – a assusta. É como se você fosse gananciosa ou moralmente arruinada, pois o dinheiro está impregnado de valores errados. Ou você acredita que não é qualificada para ganhar todo esse dinheiro.
- Você não sabe quanto os mais altos executivos de sua área ganham.
- Não sabe ao certo que tipo de benefícios são oferecidos para profissionais com seu nível de formação e experiência, incluindo adicio-

nal de produtividade, opção para compra de ações, aumentos de salário e bônus. Não sabe onde encontrar essa informação.

Se qualquer uma dessas afirmações espelha o seu modo de pensar em relação ao dinheiro, então temos muito trabalho pela frente. Mas não se desespere. Definitivamente, você não está sozinha.

Sei que cobro menos do que meus colegas. É que eles sempre parecem saber mais do que eu, parecem estar mais atualizados sobre as novidades do setor. Nesse momento, existem oito revistas especializadas em minha mesa e não tenho tempo para lê-las. Sabe o que acontece? Na verdade, meus colegas não sabem mais do que eu, eles apenas sabem como soltar um factóide, uma informação imprecisa, aqui e ali, para dar a impressão de que estão por dentro de tudo, quando, verdade seja dita, eu sei muito mais sobre esse trabalho do que a maioria deles.

ANNABETH, 34 anos, Ph.D., Washington, D.C., uma entre apenas cem especialistas certificados em sua área nos Estados Unidos.

Costumo ficar um pouco nervosa na hora de cobrar o que penso que o trabalho vale, e o resultado disso são dois tipos de situação: a primeira é que trabalho bastante com empresárias que estão iniciando seu negócio e sempre acho que não devo cobrar muito, pois elas não têm dinheiro para isso. A segunda situação é que, quando trabalho com empresas maiores, também acho que não devo cobrar o que realmente o serviço vale, porque tenho receio de não conseguir o contrato. Às vezes, parece dinheiro demais para mim, muito embora eu invista uma quantidade enorme de horas e muito conhecimento especializado no projeto. Olho para aqueles números e começo a ficar nervosa – dinheiro demais não combina comigo.

JACQUELINE, 50 anos, artista gráfica e membro da Associação Nacional de Palestrantes.

Uma das questões mais importantes para discutir aqui diz respeito ao modo como uma mulher ambiciosa negocia o seu valor: "Como me sentir bem ao negociar um aumento ou um bônus que sei ter ganhado?". "Como posso ficar diante de meu chefe e dizer: 'Gostaria de adiantar a revisão do meu salário, devido aos ótimos resultados deste trimestre'?". "Como se sentir bem cobrando mais caro pelo que faço?". "Como conseguir ganhar o quanto mereço?". "Como posso avaliar o quanto vale o meu trabalho?".

Constantemente, as mulheres me dizem que acabam deixando dinheiro na mesa, quer dizer, negociando um valor abaixo do que as empresas estariam dispostas a pagar. Isso se chegarem a negociar de fato. Elas aceitam receber menos do que um homem pelo mesmo trabalho, não negociam salários e têm medo de pedir mais. De acordo com a economista Linda Babcock e a jornalista Sara Laschever – autoras de *Women don't Ask: Negotiation and the Gender Divide* [*As Mulheres não Pedem: Negociação e a Divisão de Gênero*], publicado pela editora Princeton University Press em 2003 –, os homens pedem o que querem com o dobro da freqüência das mulheres e negociam quatro vezes mais do que elas. Minha experiência em orientação profissional confirma que as mulheres ainda têm enorme dificuldade em admitir e assumir a própria excelência, o que torna quase impossível que elas peçam o quanto valem.

Por que isso acontece? Porque as mulheres foram educadas para acreditar que somos todos iguais, por isso, pensar que você é melhor do que outra pessoa é presunção.

Pele de cordeiro (mensagem visível): Mulheres vêem o bem em todas as pessoas; elas acreditam que todos têm o mesmo valor.

Lobo (mensagem velada): Enxergar-se como excepcionais sugere arrogância e até desrespeito pelos outros.

Auto-sabotagem socialmente aprovada: Se você estiver em uma posição superior, sente-se mal porque não merece essa distinção e acredita existirem outros candidatos melhores para o lugar.

Esse pensamento leva as mulheres a desconsiderar seus talentos e suas capacidades, bem como as empurra para uma relação ambivalente com o poder. Nós queremos alcançá-lo, mas quando chegamos lá, recuamos com um sentimento de culpa ou de medo. Então, não aproveitamos o sucesso, nem assumimos nossa competência e, como resultado, não fazemos *marketing* e não conseguimos salários melhores.

O desafio das mulheres é reconhecer que são melhores do que os outros e fazê-los pagar o quanto valem. Parafraseando o autor George Orwell, todas as pessoas são iguais ou deveriam ser em certos aspectos; mas nos negócios, no mercado, alguns são mais iguais do que os outros. Esses *alguns* incluem você. Este capítulo oferece algumas estratégias para ajudá-la a reconhecer e assumir suas capacidades singulares, o que lhe permitirá negociar a remuneração que reflete seu verdadeiro valor.

TESTE DE REALIDADE

Sou capaz de fazê-los pagar ou sequer negociar?

Exercício do Diário da Ambição

- Você cobra menos do que vale?
- Recebe um salário ou um pacote de benefícios inferiores ao padrão do mercado mas, de qualquer forma, acredita na sorte por ter esse emprego, por isso, nada faz para mudar essa situação?
- Se é autônoma ou empresária, aumenta seus honorários pelo menos uma vez por ano?
- Se você trabalha para alguém, pede aumento de salário além dos reajustes anuais?
- Teria coragem de pedir aumento a cada três meses se os resultados do seu trabalho influenciassem diretamente os lucros da empresa?
- Se o seu chefe lhe prometeu uma promoção, você procura demonstrar regularmente o seu interesse, perguntando: "Como estou me saindo"?

- Se recebesse um aumento ou bônus muito abaixo do que estava previsto, tomaria uma atitude para reverter o erro?
- Você repassa boas oportunidades para colegas, em vez de dizer: "Contrate-me. Sou a melhor nesse trabalho"?
- Se é consultora, cobra seus honorários abertamente?
- Aproveita as oportunidades para se firmar como uma especialista que pode cobrar altos honorários? Agarra todas as chances para promover seu nome em eventos, na mídia ou entre novos clientes?
- Ao participar de uma reunião ou conferência, levanta-se para fazer algum comentário ou pergunta? Ou fica de boca fechada, pois prefere passar despercebida?
- Escreve e publica artigos, livros e outros materiais, a fim de divulgar os seus conhecimentos entre clientes potenciais, colegas e líderes de negócios?

Se, ao responder essas questões, você se perguntar: "Eu me sinto bem com a idéia de ser a melhor profissional?" ou "Ganho o quanto mereço?", então está em boa companhia. Uma advogada, muito reconhecida em sua área, declarou certa vez que se sentia perfeitamente bem ao negociar em nome de um cliente, mas tinha grande dificuldade quando precisava negociar a seu favor. Muitas mulheres afirmam que se sentem dispostas a lutar até a morte por uma questão envolvendo um filho, mas esmorecem imediatamente se tiverem que lutar por dinheiro em benefício próprio.

Decisões aparentemente insignificantes

Em terapia cognitiva, existe o conceito bem conhecido das decisões aparentemente insignificantes: você toma uma decisão após outra e, juntas, elas se transformam em uma grande decisão. Por exemplo, você decide: "Ah, não vou questionar o salário que me ofereceram porque ele parece bom, e, além disso, não gosto de negociar". Ou: "Certo, vou cobrar menos daquele cliente; é melhor do que perder o trabalho". Ou: "Não tenho idéia de quanto meu trabalho vale no mercado, mas agora não tenho tempo para investigar". Sozinhas, todas essas decisões podem parecer relativamente sem importância. Porém, quando se trata de ganhar mais dinheiro, a soma dessas decisões pode subestimar o seu trabalho, não apenas hoje, mas pelo resto da sua vida.

Seguindo a lógica do quanto essas decisões aparentemente insignificantes custam às mulheres, a Dra. Evelyn Murphy – autora de *Getting Even* [Conquistando a Igualdade], publicado pela editora Touchstone, de Nova York, em 2005 – afirma que a distância entre o que homens e mulheres ganham "não é uma abstração sem significado. É mais do que isso. Ela tem um custo pessoal". Quando mulheres não lutam pelo seu devido valor, deixam de ganhar salários, pensões e a segurança que merecem. Uma pesquisa da Dra. Evelyn adverte que "estamos perdendo quase um quarto de nossos ganhos, dinheiro que poucas mulheres podem se dar ao luxo de perder".

Gostaria que você acordasse todas as manhãs pensando conscientemente: "Vou lutar por meu poder econômico. Eu mereço ganhar mais e me sentir financeiramente forte e segura".

O poder econômico garante outras opções

O que o poder econômico tem a ver com isso? Quando for preciso, ele garante recursos, tempo e tranqüilidade para você retraçar seus caminhos: "Quanto me custará aceitar um novo emprego em outra cidade?". "Agora que meu filho nasceu e quero controlar meus horários e compromissos, serei capaz de abrir meu negócio e esperar até que ele seja rentável ou devo, por enquanto, retornar para meu velho emprego e garantir uma renda estável?". "Devo tentar ficar com esta casa agora que me separei ou seria melhor alugar um apartamento?". "Serei capaz de sustentar meu marido enquanto ele faz o curso de MBA?". O poder econômico lhe dá a segurança e alguma paz de espírito para que você tome a melhor decisão em favor de sua carreira: seja contratar alguém que vá cuidar do seu filho enquanto procura um novo emprego, seja manter a confiança e negociar as condições de uma nova colocação no mercado de trabalho. Se você tiver um bom pacote de benefícios em seu atual emprego (porque você negociou) ou reservas financeiras que garantam sua sobrevivência por alguns meses, terá liberdade e tranqüilidade para negociar o seu valor.

Seja mais cuidadosa ao gastar seu dinheiro. Você compra roupas, cremes e maquiagem? Ou você banca sozinha os custos para participar de uma conferência cara e importante? Investe seu dinheiro em cursos avançados de formação, em programas de treinamento e orientação profissional, em um *laptop* de última geração ou em uma assinatura de uma revista especializada? Francamente, muitas mulheres não pensariam duas vezes em torrar seu dinheiro em coisas femininas socialmente aprovadas. Gostaria que não me entendesse mal, pois eu pago o preço de um bom corte de cabelo ou de cosméticos de qualidade. Porém, freqüentemente, gastamos pouco ou simplesmente não investimos um centavo em ferramentas e recursos que vão impulsionar nossa carreira e nossa segurança econômica.

Estratégias para fazê-los pagar o quanto você merece

Jamais deixe o seu nervosismo transparecer: Aprenda a negociar o seu valor

Em geral, qualquer acordo é negociável. A negociação faz parte do jogo. Assim, é preciso desenvolver as competências básicas de negociação. Por exemplo, coloque sua proposta sobre a mesa e, então, feche a boca. As mulheres que têm medo de negociar apresentam sua proposta e continuam a falar, às vezes falam tanto que a outra pessoa sequer tem a chance de dizer sim. Observe o seguinte exemplo:

Oriento minhas pupilas a fazerem um cartão dizendo: "Cala a boca", e fixá-lo em um local estratégico em suas mesas, de modo que elas aprendam a fazer uma oferta e a se manter firmes nela, em vez de cederem à pressão durante a negociação e abaixarem o valor da proposta.

Betsy Rapoport, escritora, editora e consultora com 22 anos de experiência no setor de publicações e, mais recentemente, editora executiva da Random House.

Às vezes, você não deve apresentar sua proposta de início, mesmo se for pressionada para isso. Antes, tente estratégias como perguntar: "Qual é o seu orçamento?". Se a pessoa responder que não sabe, insista um pouco mais: "Seria bom se pudesse me dar uma estimativa, assim eu poderia lhe oferecer algumas opções". Se você for uma consultora autônoma, submeta aos seus clientes três opções com diferentes serviços e preços; em geral, os clientes ficarão mais inclinados a contratá-la se tiverem opções. Em outro caso, se estiver concorrendo a um emprego e lhe perguntarem quanto espera ganhar, responda: "Depende. Qual é a sua proposta?". Se você tiver feito uma pesquisa de mercado, saberá o quanto poderá ganhar.

Se for o caso, leve seu advogado ou outro consultor para orientá-la na negociação. Lembre-se apenas de não delegar o controle total da situação para essa pessoa. Leia com atenção todos os contratos, discuta questões importantes com o seu conselheiro e defina os pontos em que está disposta a ceder. Aja como uma profissional e provavelmente ganhará como uma profissional. Uma das mulheres a quem entrevistei contratou um advogado para cuidar do assunto quando ela foi convidada a assumir um alto cargo numa empresa. Assim que aceitou a posição, seu futuro chefe lhe perguntou: "Quer me dizer quanto você ganha?". E ela respondeu: "Não, meu advogado cuidará disso para mim". Então, despediu-se dizendo que estava ansiosa para começar. Ela agiu como uma verdadeira mulher ambiciosa, lutando para ganhar o que merecia.

O que ganho com isso?

Antes de assumir o compromisso com um novo emprego ou cliente, pergunte-se claramente: "O que ganho com isso?". A maioria das mulheres não pensa sobre isso, nem se informa sobre os vários aspectos relacionados ao trabalho e à sua carreira. Por exemplo, a empresária Ann Demarais fez a seguinte observação:

> Quando contrato estudantes com a finalidade de trabalharem para mim, informo que vou oferecer treinamento nisso e naquilo. Observei que os homens são muito mais específicos sobre o que querem: "Eles realmente gostariam de obter X, Y e Z de mim; querem a oportunidade para fazer isso e isso". Também querem saber como o trabalho vai ajudar a sua carreira. Entretanto, as mulheres apenas sentem-se felizes em conseguir o trabalho. Dizem: "Ótimo". Elas nunca perguntam sobre nada. Às vezes, penso que os rapazes são mais interessados, mais propositivos. Eles são muito francos quando o assunto diz respeito aos interesses deles, além do dinheiro.

Diante de uma nova oportunidade de trabalho, seja ela qual for, procure sempre pensar: "O que ganho com isso?". Lembre-se sempre de que você tem o direito de fazer essa pergunta, pois a mensagem contida aí é: "Sou uma profissional com ótima formação, ambiciosa e determinada no trabalho. Além disso, quero saber o que posso aprender e obter com essa oportunidade. E quero ter certeza de que estou ganhando o quanto mereço".

Informe-se para saber onde pisa

Faça uma pesquisa salarial e de benefícios. Existem várias fontes, como jornais, revistas e sites na internet que oferecem dados atualizados. Converse com colegas e pergunte se eles conhecem alguém na empresa de seu interesse que possa ter alguma informação sobre os níveis salariais. Contate uma consultoria para executivos a fim de orientá-la e oferecer-lhe informações confiáveis e precisas sobre a sua pretensão e sobre os valores que o mercado está disposto a pagar. Jamais entre em uma situação sem estar completamente informada e preparada.

Não aceite a primeira oferta

Se não conseguir um salário mais alto, negocie os benefícios, incluindo a opção de compra de ações, oportunidades de promoção etc. Outra opção é negociar o título do seu cargo. Ter um título que impressiona pode ser uma boa vantagem ao longo de sua carreira, sobretudo se você é uma jovem construindo um bom currículo. E mesmo se for uma profissional experiente, deve negociar o título mais prestigioso possível. Pesquise com antecedência títulos e cargos relativos à sua área para saber qual deles poderá trazer mais benefícios.

Mantenha-se informada sobre o mercado de salários e honorários de seu setor e de sua região, especialmente se você for empresária ou profissional autônoma. Essa é uma armadilha na qual muitas mulheres ambiciosas caem sem perceber. Veja o exemplo:

Descobri por acaso que existe uma academia com serviços similares aos meus e espantei-me ao constatar que o proprietário cobra mais que o dobro do que eu costumo cobrar. Ele é um colega, um concorrente. Quando falei com ele a esse respeito, respondeu: "Você não cobra o suficiente".

ALEX, 29 anos, *personal trainer* e dona de academia.

Pesquise. Descubra quanto os seus concorrentes cobram. Pergunte. Elimine as estimativas. Pare de se subestimar e comece a ganhar o que você vale.

Sempre peça mais

Aumente os seus honorários ou peça um reajuste de salário pelo menos uma vez por ano, se não duas. Seus médicos e todos os outros prestadores de serviços reajustam os preços pelo menos uma vez por ano para cobrir o custo de vida. As mulheres, em geral, acham que devem se justificar. Não cometa esse erro – você é ambiciosa, e uma mulher ambiciosa acredita que tem o direito de ganhar o que vale, lembra-se?

Se você é empregada de uma empresa, planeje múltiplas formas para melhorar os seus ganhos: propositivamente, pergunte o que precisaria fazer para conseguir antecipar a sua revisão salarial. Se você acredita que os seus benefícios não refletem o seu valor, volte a reivindicar melhores condições apoiada nos resultados do seu trabalho. Volte ao seu Portfólio de Ouro. Em seguida, procure seu chefe e peça um bônus mais apropriado. Se ele não responder ou hesitar e jamais lhe der uma posição, procure o chefe do seu chefe. Quando se candidatar a um novo emprego, tente saber tudo o que puder, incluindo o pacote de benefícios. Quais são as oportunidades de crescimento na empresa? A empresa mantém um programa de incentivo para o desenvolvimento profissional?

Se você é consultora, estabeleça seus honorários no nível mais alto do mercado em seu setor. Se está apenas iniciando seu negócio, não caia na armadilha de cobrar abaixo do valor de mercado simplesmente porque acha que não é boa o bastante ou que não é experiente; comece cobrando preços baixos e terá que lutar o resto da vida para alcançar um ponto satisfatório. Estabeleça preços altos já no lançamento de sua empresa de consultoria e você conseguirá melhores clientes, dispostos a pagar por um trabalho bem-feito. Faça-os pagar o quanto você vale.

Tanya Styblo Beder passou muitos anos construindo sua empresa, uma das mais caras do seu setor. Hoje, ela é CEO de uma unidade do Citigroup Alternative Investments, Tribeca Global Management LLC. Perguntei-lhe se alguma vez ela relutou em cobrar o máximo por seus serviços. Ela riu e respondeu:

De jeito nenhum! Quando dirigi minha própria empresa, ao longo de treze anos, encontrei pessoas que nos contrataram, não porque oferecíamos um serviço barato, mas simplesmente porque éramos os melhores na área – e elas estavam dispostas a pagar por esse conhecimento. Assim, cobrávamos alto, mas só porque oferecíamos o melhor.

Avalie as vantagens de oferecer pacotes fechados de serviços e preços, em vez de cobrar por hora. Organize-se para aceitar cartões de crédito, negociando as melhores taxas do mercado. Procure sempre formas de aumentar o faturamento – inclua novos serviços e produtos. Mantenha um site na internet, não apenas para divulgar a sua empresa, mas também para vender seus produtos por meio eletrônico.

Rosalind Resnick, CEO da Axxess Business Centers, Inc., e ex-jornalista, começou sua empresa de marketing eletrônico com apenas duas pessoas trabalhando em casa e transformou-a numa companhia com faturamento de 58 milhões de dólares. Aqui está o que ela informa em seu site sobre a companhia que ela dirige até hoje:

Nossos princípios corporativos:

Se você procura por uma consultoria gratuita, veio ao lugar errado. Na Axxess Business Consulting, não damos nada de graça. Também não aceitamos galinhas ou frutas como pagamento. Se você quiser vir para conversar com um de nossos experientes consultores em pequenas empresas, precisará desembolsar um bom dinheiro vivo. (Também aceitamos cheques e cartões de crédito.) Fazemos isso por duas razões: 1) Somos uma empresa com fins lucrativos e precisamos ganhar dinheiro para permanecer nos negócios; e 2) Pessoas que conseguem coisas gratuitamente, em geral, não dão o mesmo valor às coisas pelas quais elas devem pagar. Portanto, se você não tem dinheiro para pagar uma consultoria de negócios séria, volte quando tiver. Estaremos esperando.

Tome Rosalind, Tanya e uma outra mulher que não tem medo de cobrar o quanto vale como modelos inspiradores de mulheres ambiciosas, *explícitas* em assumir que são mais talentosas do que os outros em suas áreas – e também deixam *explícita* a intenção de fazê-los pagar o quanto elas valem.

Aproveite os benefícios da empresa

Descubra e aproveite todas as oportunidades de desenvolvimento profissional oferecidas pela empresa. Aproveite todos os programas e recursos disponíveis para se aperfeiçoar e dar um impulso na sua carreira. Esses programas fazem parte de seu pacote de benefícios, se não usá-los, estará desperdiçando um dinheiro que é seu.

Aprenda com as histórias de mulheres reprimidas

Leia sobre ou converse com mulheres que não foram capazes de expressar a própria ambição e lutar para ganhar o seu valor. O que as impediu de conquistar mais em suas vidas? Leia sobre o que aconteceu com as mulheres que esperaram demais para tomar uma decisão ou uma atitude. Ou que fracassaram em investir em uma melhor educação ou no desenvolvimento de sua carreira. Ou que aceitaram salários mais baixos porque não negociaram ou cobraram menos por seus serviços. O que elas dizem sobre isso agora, à medida que a idade avança para os 30, 40, 50, 60 anos? Teriam feito algo diferente? Leia sobre mulheres que descobriram que poderiam ter sido mais bem-informadas e propositivas em sua vida profissional e financeira. O que elas dizem agora sobre as conseqüências de não terem se informado mais sobre como investir seu dinheiro? O que você pode aprender com todas essas histórias?

Dedique-se a ser financeiramente independente e economicamente forte

Assuma o controle de seu destino financeiro, não importa em que fase da vida você esteja. Não estou dizendo que não deva sonhar em viver com um parceiro ou marido. Estou dizendo que você não deve, em nenhuma circunstância, abandonar o controle de seu poder econômico. Não transfira para o seu marido ou companheiro a responsabilidade de administrar e investir o seu dinheiro; não ignore o fato de que suas escolhas e decisões profissionais abalem o casal. Não tenha medo de ganhar mais do que seu companheiro. Sobretudo se você é jovem ou solteira, comece imediatamente dizendo a si mesma: "Vou começar hoje a planejar todas as formas possíveis de me tornar financeiramente forte e independente, incluindo lutar para sempre ganhar o que realmente mereço".

Pense em investir em imóveis

Em geral, as mulheres não são educadas para pensar em investimentos imobiliários. Por isso, não espere a vida passar. Informe-se sobre esse assunto agora.

Se planeja comprar uma casa, então vai sentir-se motivada a economizar, manter seu crédito em ordem e pesquisar as melhores opções de financiamento. Em seguida, procure um serviço especializado, lembrando sempre que essa é uma decisão de compra muito importante em sua vida, que exige esforço e muito trabalho para lidar com dinheiro e finanças.

Fazer isso acontecer aumentará sua ambição e autoconfiança também como profissional. Por exemplo, você se sentirá mais confiante em negociações que envolvam dinheiro, mais forte em relação aos objetivos de sua carreira. Comprar um imóvel quando somos jovens e solteiras nos coloca no mercado imobiliário logo cedo, o que é positivo porque, em geral, imóveis são um negócio estável, além de diversificar seus investimentos.

Quando comecei a falar com as mulheres sobre o fato de tão poucas investirem em imóveis quando solteiras, descobri algumas barreiras invisíveis.

Em primeiro lugar, mulheres solteiras não investem em imóveis porque esperam a vida acontecer. Por exemplo: "Não vou comprar um imóvel agora porque, quem sabe, posso estar casada daqui a três anos". Mulheres jovens, mais do que os homens jovens, parecem relutantes em adquirir uma propriedade quando são solteiras, como se tivessem um medo inconsciente e irracional de que, se fizerem isso, estragarão suas chances de encontrar um companheiro. Ou porque simplesmente não lhes ocorre que deveriam pensar no assunto e colocá-lo como um objetivo de vida. Além disso, têm medo de tomar uma decisão tão importante sozinhas.

Ganhe dinheiro para educar seus filhos

Uma das razões principais para você ganhar bem é que, assim, poderá oferecer os melhores cuidados e a melhor educação para seus filhos.

Você valoriza sua ambição e seus filhos. Quer trabalhar e deseja o melhor para eles. Ganhar o que merece é essencial para lhe dar a paz de espírito e a certeza de que está oferecendo a eles as melhores oportunidades para uma vida plena.

Planeje uma estratégia de longo prazo para fazê-los pagar o quanto você vale

A fim de identificar melhores oportunidades de trabalho e de ganhos, distribua seu currículo, e isso você pode fazer anonimamente, por intermédio de pessoas confiáveis em sua rede de relacionamentos ou de *headhunters*. Mesmo que você não pense em mudar de emprego, essa iniciativa vai lhe render informações estratégicas sobre salários e planos de carreira que poderão ser usadas em sua empresa.

Se você é autônoma, reajuste seus honorários hoje, agora – pelo menos para clientes novos. E avise aos seus clientes atuais que vai aumentar seus preços a partir do mês seguinte.

Ofereça-se para uma promoção – não espere ser indicada. Elabore um novo plano de negócios para o seu departamento ou crie um novo produto; registre as atribuições de seu cargo e defina a sua proposta salarial. Peça e veja o que acontece. Ou experimente essa estratégia em uma outra empresa. Faça uma proposta e talvez você consiga uma nova colocação – isso acontece o tempo todo.

Mantenha-se sempre informada a respeito do mercado de salários ou de honorários. Continuamente, formule estratégias para negociar, melhorar um emprego, aumentar sua renda tudo com o objetivo de conservá-la entre os profissionais mais bem remunerados em sua área de atuação.

Ganhe o seu valor. Ganhe todo o dinheiro que puder. Isso não fará de você uma pessoa indigna, sem pudor, mas uma mulher ambiciosa e inteligente, que planeja com antecedência, começando hoje, como conseguir ganhar o que, de fato, merece.

Dez

Regra nº 5 da mulher ambiciosa

Seja muito mais responsável com você mesma

Aprendi da forma mais difícil que algumas pessoas – mesmo aquelas que acabei de conhecer ou que mal conheço – não hesitarão em me pedir para gastar meu tempo oferecendo consultoria em contabilidade num evento social e, como parasitas, devorarem toda a informação que eu estiver disposta a dar. Levei muito tempo para aceitar a idéia de que não precisava deixar os outros se aproveitarem de mim daquele jeito. Levei ainda mais tempo para aprender a ignorar a expressão de espanto em seus rostos e vê-los se afastarem contrariados depois que comecei a lhes dizer: "Não dou consultoria de graça, porque você só recebe pelo que paga".

SARAH, 32 anos, auditora e analista financeira.

Melody é fundadora e presidente de uma aclamada agência de publicidade com sede em Los Angeles. Deixou uma carreira bem-sucedida como âncora em uma rede de televisão para abrir o próprio negócio. Da última vez em que nos falamos, ela tinha uma equipe de nove publicitários em tempo integral trabalhando fora do escritório que ela mantém em casa. Nos últimos anos, reformou e ampliou esse espaço para acomodar as necessidades de uma empresa em crescimento. Abriu também um outro escritório em São Francisco.

Melody é um ótimo exemplo de mulher ambiciosa que compreende o seguinte paradoxo: se ela for responsavelmente irresponsável, acabará sendo mais responsável. Eu e Melody conversamos sobre como ela, sozinha, consegue criar seus quatro filhos e, ao mesmo tempo, dirigir uma empresa lucrativa e em processo acelerado de crescimento. Quis saber qual era o seu segredo para fazer tudo funcionar tranqüilamente. Ela me disse que aprendeu como e quando ser responsável. Mais do que isso: aprendeu como e quando não se sacrificar, delegando muita coisa – em casa e no trabalho. "Quando entendi isso, vi que, desse modo, as necessidades de todo mundo são atendidas – não só as minhas próprias metas profissionais e pessoais, mas também as necessidades dos meus talentosos funcionários e dos meus queridos filhos."

> Preciso ter uma carreira estimulante e lucrativa. Está no meu sangue. Acredito totalmente que, nós mulheres, podemos fazer o que amamos, mas nossas aspirações e expectativas, às vezes, precisam ser ajustadas de acordo com a realidade de cada situação. Por exemplo, é fato que as crianças necessitam de cuidados; elas precisam ser recebidas por alguém em casa, ao voltarem da escola. Mas também preciso estar livre, todo o tempo, para trabalhar em meu escritório, fazer contatos com clientes por telefone ou tratar de outros assuntos que exigem minha total atenção naquele momento. É assim que deve ser, para que eu possa dirigir uma grande agência de publicidade – e eu amo cada minuto do meu trabalho e não me sinto exausta nem exaurida. Porém, também preciso ter certeza de que meus filhos estão sendo bem cuidados e sentindo-se amados; quero que eles saibam que suas necessidades serão sempre atendidas. Assim, mesmo mantendo um grande escritório em minha casa, não penso nem por um minuto que tenho de administrar tudo isso sozinha. Eu delego tarefas e me sinto muito bem com isso.

Fantástico, mas como ela põe tudo isso em prática?

> Por exemplo, embora meu escritório seja anexo à minha casa, tenho uma pessoa disponível o dia inteiro para cuidar de todas as necessidades das crianças. Digamos que minha filha chegue em casa e tenha uma dúvida sobre qualquer coisa. Ela precisa ter alguém para ajudá-la nisso. Às vezes, sou eu; às vezes, é a pessoa contratada justamente para atender a essas necessidades. Por isso, é engraçado que, mesmo sendo a diretora de uma grande empresa, às vezes, quando perguntam aos meus filhos pequenos: "O que a mamãe faz?", eles respondem: "Nada". Além disso, procuro ser um exemplo de mãe e de profissional, e meus filhos mais velhos já me admiram por isso.

Então, comentei que delegar atribuições é uma questão muito difícil para muitas mulheres. Além disso, muitas sentem-se culpadas por serem responsáveis pelas próprias necessidades sendo irresponsáveis – delegando tarefas que não precisam ser feitas por elas:

> Pense em como as crianças se sentem bem ao saberem que sempre existe alguém disponível para tomar conta delas. Pense em como eu me sinto bem por possuir essa empresa fantástica e em saber que amo meu trabalho e que estou construindo um bom ninho e segurança financeira para todos nós. Além do mais, trabalho com pessoas criativas e tenho ótimos clientes. Essas são as minhas contribuições. Eu não seria capaz de fazer tudo isso se colocasse minhas necessidades em segundo plano.

As mulheres são generosas demais dispondo do seu tempo e de recursos para ajudar os outros – particularmente outras mulheres –, quando deveriam ser mais conscientes de que são minoria nos escalões mais altos de suas áreas de trabalho e precisam usar todos os recursos para alcançar sua ambição. Incorporam a crença cultural de que o sucesso de uma mulher é ser aquela que cuida, educa e alimenta os outros. Porém, isso tem um preço. Quando se concentram nas necessidades dos outros à custa das suas necessidades, perdem o foco de sua vida e do seu trabalho, que acabam prejudicados. As mulheres colocam as próprias necessidades em último lugar porque incorporaram a seguinte mentalidade:

Pele de cordeiro (mensagem visível): Mulheres têm sucesso porque são prestativas e maternais.

Lobo (mensagem velada): O trabalho da mulher é cuidar das necessidades dos outros – até mesmo das pessoas que ela não conhece – e também de suas necessidades. Entretanto, se ela pedir alguma coisa para si mesma, ou se pedir ajuda, isso é egoísmo.

Auto-sabotagem socialmente aprovada: Você negligencia as próprias necessidades e sabota seu sucesso profissional e sua felicidade pessoal, devido ao sentimento de culpa e ao senso de super-responsabilidade que tem em relação aos outros. Dá tudo aos outros, mas nada toma para si. Sente-se explorada, esgotada, estressada, ressentida. A qualidade de sua vida fica totalmente comprometida.

Uma mulher ambiciosa precisa concentrar-se inteiramente em fazer o seu trabalho da melhor maneira possível. Preocupar-se com os sentimentos de outras pessoas é uma grande distração. Você pode se ocupar com as preocupações próprias da vida fora do escritório. Há uma diferença entre ser responsável e ser ingenuamente responsável. Vou lhe mostrar a diferença.

TESTE DE REALIDADE

Acho impossível delegar?

Para ser mais responsável consigo, reflita sobre as seguintes questões. Você:

- Agenda um horário no cabeleireiro para seus filhos adolescentes?
- Concorda em terminar um serviço ou um relatório para seus colegas?
- Concorda em assumir a responsabilidade pelo jantar da família?
- É a responsável por todo o serviço doméstico ou pela supervisão da faxineira?
- Organiza as viagens da família?
- Faz o trabalho de seus subordinados porque isso é mais fácil do que ensiná-los?
- Diz sim para jantares e outros compromissos que prolongam o seu horário?
- Absorve as tarefas de um colega sem qualquer compensação?
- Decide delegar responsabilidades para alguém e depois começa a supervisioná-lo para se certificar de que ele faz tudo certo?
- Atende ligações de amigos e parentes a qualquer hora durante o expediente?

Se você se reconheceu em qualquer uma das situações anteriores, é porque assume mais responsabilidades do que divide – no trabalho e em casa. Comece a fazer sérias mudanças em sua vida profissional e pessoal. Está na hora de aprender a pôr as suas necessidades em primeiro lugar. Você precisa aprender a impor limites aos outros.

Estratégias para ser mais "irresponsável"

Ser responsável demais atrai oportunistas

Ser responsável no que diz respeito à sua ambição, às vezes, significa que você precisa ser mais irresponsável em relação aos outros. Se não fizer isso, poderá ficar vulnerável ao que chamo de oportunistas, pessoas que ficam à espreita, esperando apenas o melhor momento para conseguir alguma coisa de você, algo que imediatamente fará você se arrepender de ter dito sim. Essas pessoas não são necessariamente ruins, mas a pressionam para atender às necessidades delas, à custa das suas, e isso não é bom para você.

Se você não aprender a ser responsável com as suas necessidades, impondo limites aos outros, você:

- Gasta seu precioso tempo e energia fazendo alguma coisa que preferiria ter recusado.
- Arrepende-se de ter dito sim e desperdiça energia tentando reverter a situação.
- Diz não ou realmente impõe limites, mas depois perde tempo se lamentando por ter negado e se perguntando se feriu os sentimentos de alguém.

Aprenda a dizer não aos oportunistas, até mesmo para os mais insistentes

Veja se você se reconhece na história de Morgana, que conseguiu deter a ação de uma oportunista. Pense nas vezes em que você também teve de confrontar um oportunista, como se sentiu, como lidou com a situação e o que faria de diferente (ou não) se um caso assim acontecesse novamente.

Eu estava num retiro de ioga. Uma mulher que também lá estava descobriu que eu era agente literária. Com os olhos arregalados, ela contou-me que havia escrito um livro e que eu deveria ler o seu manuscrito que, por acaso, estava com ela. Respondi não estar interessada. Mas ela insistiu várias vezes, em diferentes horas do dia, no almoço, no jantar. Finalmente, bastante aborrecida, respondi:

"Não. Já disse que não estou interessada. Vim aqui para descansar, por favor, respeite isso". Mais tarde, naquela mesma noite, na sala de convivência, ela apareceu acompanhada – alguém que, por acaso, era meu conhecido, e ambos me cercaram dizendo que eu havia fechado a porta para ela. Respondi que fechar a porta era mesmo a minha intenção. Então, o rapaz disse ser obrigado a concordar que minha atitude era contrária a certos princípios espirituais. Aquilo foi realmente ofensivo. Para encerrar a história, respondi: "Quer saber? Vamos ter que discordar. Estou em um retiro e a sua atitude parece um ataque. Vou me deitar. E não quero mais falar sobre esse assunto".

MORGANA, 41 anos, agente literária.

Podemos ver como Morgana se sentiu perseguida. Se ela tivesse dado atenção àquela mulher, não teria conseguido descansar como pretendia.

Quero destacar uma das respostas de Morgana, pois ela ilustra uma distinção sutil, mas essencial, entre o que você deve e não deve dizer. Ela disse: "Vamos ter que discordar", em vez de, por exemplo: "Você percebe que teremos de discordar?". Uma pergunta pode deixar espaço para uma nova resposta ou para a outra pessoa pensar que você espera ser compreendida ou aceite sua situação. A outra pessoa não tem de concordar com você, nem compreender, nem aceitar suas razões. É você quem precisa impor o seu limite, de modo afirmativo e sem ambigüidade.

"Eu não almoço" – como identificar e deter os salteadores

O único gosto de sucesso que algumas pessoas sentirão em toda a vida virá da mordida que elas darão em você.

DRA. JANET Scarborough, citando um ditado que ela ouviu.

A autora *best-seller* Nicole Shapiro participou como palestrante convidada de um evento da Aliança para os Negócios da Mulher, quando pude observá-la pondo em prática a estratégia de impor limites e de não consentir que as pessoas suguem o seu sangue. Depois de sua apresentação, muitas mulheres a rodearam para fazer perguntas, comprar seus livros, cumprimentá-la por suas palavras inspiradoras, pedir seu cartão de visitas para contatá-la em outra oportunidade ou apenas apreciar o burburinho. Uma delas esperou até que o ambiente ficasse mais calmo para dizer a Nicole: "Adoraria almoçar com você e explorar sua mente". Sem hesitar, ela respondeu: "Eu não almoço, exceto com minha família ou com amigos. Temos pouco tempo para ficarmos juntos, por isso reservo esses momentos para eles". Nas entrelinhas de sua resposta, podemos depreender a seguinte mensagem: "Meu tempo é valioso – eu não o cedo a ninguém, muito menos pelo preço de um almoço". Provavelmente sua resposta teria sido bem diferente se aquela mulher tivesse pedido para marcar uma consulta com Nicole.

Freqüentemente, as mulheres têm dificuldade de dizer não, e isso pode ser um grande problema, pois existem muitas pessoas dispostas a tirar vantagem dessa fraqueza. Pessoas que querem aproveitar sua presença e explorar sua mente são o que chamo de salteadores – gente que quer saltar as etapas que os profissionais sérios normalmente percorrem para atingir seus objetivos. Os salteadores querem um passe livre. Cercam você em uma festa ou aguardam até todos deixarem o auditório após uma apresentação sua para pedir uma consultoria grátis. Eles a encontram, descobrem o que faz e, num instante, assaltam você, falando sem parar sobre o que fazem e como poderia ajudá-los – de graça, é claro. É sua missão dizer não a essas pessoas, fugir delas, esconder-se, detê-las e impedi-las de fazer de você a responsável pelas necessidades delas.

As mulheres, muitas vezes, são orientadas a formar um conselho consultivo, aliás como eu mesma fiz neste livro, e também a apoiar outras mulheres participando dos conselhos delas. Quer dizer, então, que esse conselho contradiz a nossa missão de dizer não? As pessoas que pedem para explorar os nossos conhecimentos ou para ter uma consultoria grátis não são apenas ambiciosas? Não. Salteadores são pessoas que tentam escapar dos protocolos que os verdadeiros profissionais compreendem e seguem, com o objetivo de pegar uma carona no sucesso dos outros. O exemplo a seguir nos ajuda a entender melhor essa diferença.

A também autora *bestseller* Karen Salmansohn contou-me que, uma vez, encontrou Madonna num restaurante em Los Angeles. Karen aproximou-se de sua mesa e disse: "Eu realmente respeito o seu trabalho". Para imediatamente estabelecer credibilidade, Karen apresentou-se como a escritora bem-sucedida que é, exibindo para Madonna dois de seus livros. Ela conta: "As capas dos meus livros são muito boas, eu mesma as desenhei. Numa cultura como a nossa, as imagens valem mais do que as palavras. Assim, fechei a boca e deixei que as capas falassem por mim. Com isso, consegui um comentário instantâneo de Madonna". Isso é presunção? Sim. Porém, essa atitude não é a de um salteador, porque Karen já é uma autora reconhecida. De acordo com ela, Madonna lhe perguntou: "Foi você quem escreveu? Eu tenho esse livro. Adoro esse livro. Deus a abençoe". A divulgação desse breve encontro pela imprensa fez disparar a venda de todo o estoque ainda disponível do volume. "Eu sempre trabalho incansavelmente para vender meus livros", concluiu a escritora.

Agora, vejamos um exemplo típico de um salteador: uma pessoa invade o restaurante e aborda Madonna, dizendo: "Oh, meu Deus! Madonna! Eu tenho uma idéia para um livro... eu tenho uma canção... adoraria sentar com você agora e contar tudo sobre isso". Viu a diferença?

Você saberá quando alguém avançar inadequadamente sobre o seu espaço. Você se sentirá acuada e, de repente, na defensiva, estará procurando pela porta mais próxima.

Pode ser ainda mais difícil dizer não quando alguém nos manipula indiretamente. Esse tipo de pessoa está atrás de você, mas suas intenções são tão dissimuladas que a faz sentir-se explorada, irritada, aborrecida, estressada e perseguida. Sente-se confusa e incapaz de decidir como lidar com a situação. Se confrontá-la diretamente por causa desse comportamento, ela negará ("Não sei do que você está falando!") ou bancará a ofendida ("Bem, desculpe-me. Eu não sabia que se sentia assim!") ou se fará de magoada para fazê-la se sentir culpada ("Eu estava apenas tentando expressar minha admiração por você e receber um minutinho da sua atenção.").

Não deixe que eles peguem uma carona em suas costas. Apenas diga não.

"Não posso"

Cenário: alguém a convida para um almoço a fim de explorar os seus conhecimentos ou trocar idéias com você. Imagine-se dizendo: "Seria um prazer recebê-lo para uma consulta em meu escritório. Meus honorários são 250 dólares por hora". Como se sentiria? Como uma mulher sem coração? Certa, uma mulher perguntou-me: "Não seria muita ganância minha cobrar de alguém, em vez de me oferecer para orientá-lo de bom grado?" Respondi-lhe: "Por que pensa que é você a gananciosa, e não a outra pessoa que está tentando monopolizar o seu tempo e a sua energia – e tudo de graça?". Ela nunca havia pensado desse jeito.

O mesmo cenário e dessa vez, você diz: "Não, obrigada. Não dou consultoria fora". O que aconteceria se você dissesse não? Como se sentiria? Mesquinha? Irresponsável com alguém que sinceramente quer aprender? Acredita que deveria explicar-se? Imagina-se pressionada por si mesma para reconsiderar, dizendo: "Bem, talvez eu tenha mais tempo no próximo mês..."?

De novo, o mesmo cenário: dessa vez, você concordou com alguma coisa que não queria fazer. Como se sente? Como se tivesse pisado na bola consigo mesma? Como se quisesse se castigar? ("Por quê? Por que eu disse sim? Já estou atolada de trabalho, não tenho tempo para meu marido nem para os amigos e eu havia prometido a mim mesma que não seria acuada desse jeito novamente, e fui. Como sou burra! Droga!").

Como posso dizer não? Deixe-me dizer-lhe como

Para pôr em prática a sua nova disposição para dizer não, você precisa conhecer algumas estratégias. Para começar, exercite a arte do silêncio em diversas situações corriqueiras, que ameaçam comprometer suas necessidades de mulher ambiciosa:

- Um e-mail de uma desconhecida. Ela é, no mínimo, confusa a respeito do que quer. Não responda. Deixar de responder deliberadamente é uma ação consciente! Não se sinta culpada por não ter respondido – na verdade, você respondeu. Agora, esqueça isso e siga em frente.
- Uma mensagem de voz de um desconhecido que deixa apenas o nome, sem mencionar o motivo da ligação ou por que pede seu retorno. Ou de alguém que deseja conhecê-la ou trocar idéias com você. Não responda. Mais uma vez, muitas mulheres se sentem culpadas ao tomar essa atitude. Simplesmente apague a mensagem. Feito. Assim, o salteador vai atacar outro alvo mais fácil.
- Uma mensagem instantânea enquanto trabalha em seu computador. Se você não gosta desse tipo de mensagem, por considerá-la invasiva e dispersiva, não responda. Dica: Não pense que a outra pessoa pode ver que você está ali, mesmo se estiver *on-line*. Você pode estar fora de sua mesa ou ao telefone. Não é preciso explicar.

Em outras situações, você precisa falar. Experimente praticar as frases a seguir para usá-las quando tiver de dizer não:

- "Realmente, não. Não trabalho dessa maneira". (Não diga: "Desculpe".)
- "Eu não tomo café, nem outra bebida, nem janto – passo todo o meu tempo livre com minha família e amigos. Ofereço consulto-

ria e cobro por hora, caso você deseje, fale com minha secretária para marcarmos uma reunião".

- Para alguém que lhe pergunta por que jamais responde a mensagens instantâneas, diga: "Eu não uso esse tipo de comunicação. E-mails funcionam melhor para mim".
- "Eu não faço as coisas desse jeito". Use uma frase genérica como essa para qualquer coisa que não queira fazer. Lembre-se do mantra abaixo quando estiver exercitando o seu músculo do "Não Posso":

NÃO PRECISO CONCORDAR COM
NADA QUE EU NÃO QUEIRA FAZER.

Embora você se esforce para comunicar essa intenção, não diga sim quando, na verdade, quer dizer não.

1. EXPLICAÇÕES NÃO SÃO NECESSÁRIAS

Lembre-se – oportunistas e salteadores são parasitas que querem sugar o seu sangue. Eles ultrapassam limites profissionais que sabem que não deveriam ultrapassar. Quando você gasta o seu tempo para se explicar, dá a eles munição para atacá-la e oportunidade para que peçam sua ajuda. Eles agem de modo desrespeitoso com você. Lembrar-se disso vai ajudá-la a neutralizar as investidas dessas pessoas. Não se explique. Essa gente não merece uma explicação.

2. ESTOQUE DE EXPLICAÇÕES

Você sente que precisa dar algum tipo de explicação no início, enquanto ainda exercita o seu músculo do Não Posso? Então, experimente estas:

- "Não posso. É contra a política da minha empresa".
- "Já excedi minha cota de trabalho gratuito este ano".

- "Eu tenho por princípio não falar sobre trabalho quando estou fora do escritório".
- "Minha agenda está lotada pelos próximos seis meses".
- "Não uso mensagens instantâneas. Acho que elas me distraem, por isso prefiro checar meus e-mails duas vezes por dia".

3. "VOCÊ NÃO TEM MAIS PASSE LIVRE"

Algumas vezes, as pessoas descobrem um modo de se aproximar de você sem revelar o seu verdadeiro propósito. Porém, num certo momento, você percebe que elas realmente estão usando-a, sugando o que podem, e, simplesmente, você não quer mais lidar com essas pessoas. Então, você precisa descobrir um modo de comunicar-lhes: "Você não tem mais passe livre". Alguns exemplos: não retorne ligações de imediato, recuse um convite atrás do outro etc. Devagar, elas vão parar de procurá-la.

4. NÃO SE ESPANTE SE, AO REJEITAR ALGUÉM, ÀS VEZES, VOCÊ SENTIR-SE COMO SE TAMBÉM ESTIVESSE SENDO REJEITADA

Estabelecer limites, às vezes, exige que rejeitemos o pedido de uma pessoa. E, às vezes, sentimos como se estivéssemos nos rejeitando. Isso pode acontecer porque as mulheres não estão acostumadas a rejeitar nada nem ninguém. Precisamos tomar cuidado para não deixar essa sensação tomar conta do nosso objetivo de impor limites.

DICAS EXTRAS PARA FORTALECER O SEU "NÃO POSSO"

- Não diga: "Eu gostaria, mas não posso".
- Não se desculpe: "Sinto muito, mas não posso".
- Passe a bola para outro: "Você pode tentar ligar para essa outra empresa. Talvez alguém lá possa ajudá-lo". Ou: "Você pode verificar com minha secretária, mas tenho quase certeza de que ela lhe dirá que estou sem horário".

- Mantenha-se firme.
- Não se preocupe com o tom sentimental de um pedido nem tenha medo de ser indelicada. Respire fundo e depois diga: "Eu não faço isso". Ou um simples não. Em seguida, antes que eles tenham chance de responder, despeça-se: "Com licença. Preciso ir. Tudo de bom". Seja gentil, mas não a ponto de ceder para depois se arrepender de não ter mantido os seus limites. É mais fácil dizer não.

A ambição sustentável exige irresponsabilidade

Em algumas profissões, o sucesso verdadeiro exige muito conhecimento e experiência acumulada de dez, vinte, trinta anos, como a de consultor, advogado, médico, entre outras. Para alcançar os objetivos de longo prazo, os profissionais dessas áreas devem controlar seus passos e resistir como os corredores de maratona. Por isso, é realmente importante para uma mulher ambiciosa compreender e valorizar o conceito de conservação de energia. Você precisa aprender a realmente estabelecer limites que lhe permitam ter uma carreira sustentável, ou seja, uma carreira constante e estável por longo período.

Mulheres ambiciosas que controlam seus passos alcançam a excelência – e a fixação de limites é uma estratégia para atingir os mais altos níveis de sucesso. Manter isso em mente vai ajudá-la a estabelecer esses limites e a economizar energia para investir em sua carreira.

Contrate pessoas para ajudá-la

Considere a idéia de contratar uma secretária, uma assistente, uma empregada doméstica ou uma faxineira, um contador e um auditor. Você precisa delegar pequenas tarefas a pessoas como essas, sem querer supervisioná-las depois.

Vejo muitas mulheres ambiciosas, inacreditavelmente ocupadas e bem-sucedidas, lutando contra si mesmas: "Eu me sinto culpada. Não deveria pagar alguém para fazer um trabalho que eu poderia fazer". Você precisa superar essa mentalidade. Certa vez, uma advogada tributarista me contou como ela lutava contra si mesma:

> Eu estava sempre me equilibrando numa corda bamba entre me descuidar da minha filha e negligenciar o meu trabalho. Quando ela nasceu, decidi que estaria em primeiro lugar, mas isso tornou-se muito mais difícil do que eu havia imaginado. Porém, menos agora, porque não quero mais ser uma mártir nem uma supermulher. Sou apenas uma mulher normal, ambiciosa, procurando fazer o melhor possível para dar tudo certo. Antes, costumava me incomodar com a idéia de ter alguém arrumando a minha gaveta de *lingerie*, lavando a minha roupa e fazendo supermercado para mim. Depois, percebi que eu não havia estudado dezenove anos para lavar fraldas e limpar nariz, enquanto meu marido se tornava um ilustre advogado. Por isso, a solução foi contratar, contratar, contratar. Agora, aproveito melhor o tempo que passo com minha filha e com meu marido. Assim, tenho menos responsabilidades sobre as minhas costas e tenho até tempo para correr e fazer ioga.

Se você reluta em delegar responsabilidades, pense: os negócios mal dirigidos, as equipes ou departamentos mal dirigidos são aqueles em que os chefes não delegam. Basta a sua ausência, e as coisas degringolam. Não é diferente com você – em casa ou no trabalho. Se não passar responsabilidades para os outros e deixar que eles desempenhem seus papéis, suas ambições serão sufocadas e seu espírito se abaterá.

Para ser o melhor que puder ser, para realizar todas as suas aspirações, você precisa não apenas fazer um bom trabalho; precisa também de tempo para pensar seriamente nas possibilidades futuras. Delegar suas responsabilidades vai lhe dar mais tempo para pensar profundamente. Delegue, desligue o telefone, feche a porta – quando é hora de se concentrar, evite todas as possíveis interrupções e mergulhe fundo nos objetivos de sua carreira.

Faça as contas

Contratar outras pessoas para fazer alguns serviços para você pode ser mais econômico do que imagina. Faça as contas: divida a sua renda ou salário pelo número de horas trabalhadas para saber quanto ganha por hora. Agora, vamos supor que você gaste seis horas por semana se ocupando com uma série de tarefas que um auxiliar de escritório poderia fazer. Vamos supor, também, que você gaste pelo menos outras seis horas toda semana cuidando da sua casa. Multiplique as doze horas pelo valor da sua hora e, assim, descobrirá quanto lhe custa fazer todos esses serviços sozinha. Agora, multiplique as mesmas doze horas pelo valor da hora de um auxiliar ou de uma faxineira. É muito provável que, ao comparar os dois resultados, você descubra que, se contratasse essas pessoas para ajudá-la, economizaria tempo e dinheiro. Faça as contas e delegue.

Se você for uma assalariada, cada hora gasta se ocupando, por exemplo, com tarefas domésticas, deveria ser investida em sua carreira dentro da empresa, na busca de melhores oportunidades ou no fortalecimento de sua rede de relacionamentos.

Muitas mulheres não pensam assim. Contudo, se você fizer as contas, obterá dados objetivos para aliviar sua culpa e para perceber, de uma vez por todas, por que faz sentido destinar seu tempo para o que realmente é imprescindível. Então, contrate uma boa faxineira, um assistente para meio período ou outro auxiliar que possa cuidar de tarefas para as quais não tem tempo. Em muitos casos, eles serão até mais eficientes e rápidos do que você.

Sistematize tarefas e procedimentos

Agora que tomou a firme decisão de mudar, como pretende agir? Planeje. Você não pode contratar a pessoa certa para a tarefa certa se não souber bem que tarefas serão essas.

Em primeiro lugar, descreva suas próprias atribuições no trabalho, incluindo todas as tarefas pelas quais é responsável, dividindo-as em diárias, semanais e mensais. Sei que fazer isso será trabalhoso, mas valerá a pena. Descreva tudo o que você faz. Seja específica. Nem tente manter tudo isso em sua cabeça. Anote.

Em segundo lugar, repita o mesmo processo e anote todas as suas tarefas e obrigações em casa. Inclua tudo.

Em terceiro lugar, organize no computador duas listas: uma contendo suas atribuições profissionais e outra, suas tarefas domésticas. Não tem tempo para digitar essas listas? Sua secretária pode fazer o trabalho? Você pode pagar seu filho adolescente para isso? Pode desligar o telefone por uma noite inteira a fim de dar conta da tarefa?

Assim que tiver relacionado tudo, ficará abismada com a quantidade de trabalho que você faz. Também se sentirá mais inclinada a contratar uma equipe para ajudá-la, em vez de se encarregar de tudo sozinha.

Resultado: Você terá duas listas específicas e bem detalhadas com tudo o que precisa ser feito.

Anuncie o fim das tarefas domésticas

Você deve partir do pressuposto de que haverá resistência quando se recusar a manter a sobrecarga de responsabilidades em suas costas. Por isso, é bom se preparar para fazer uma greve em casa, de modo que alcance suas reivindicações. Quer dizer, você terá de parar de fazer uma série de tarefas, de modo que as pessoas possam ver o caos que se abaterá sobre suas vidas, caso alguém não assuma o trabalho. Pratos sujos encherão a pia e o lixo transbordará, mas mantenha os braços cruzados.

Agora que tem suas listas em mãos, comece com o trabalho doméstico. Faça uma avaliação discriminada das tarefas e responsabilidades que outras pessoas podem assumir e, então, comece a atribuí-las a cada um, procurando não deixar dúvidas sobre quem será responsável pelo quê. Mostre a lista a todos, a fim de que vejam o quadro completo.

Para obter a participação total de seu marido, converse com ele sobre a importância de aliviar sua carga de trabalho em casa para que você possa se concentrar em sua carreira e em ganhar dinheiro, o que beneficiará toda a família. A comunicação clara de suas intenções resultará no apoio de todos e facilitará o processo de mudança.

Delegue e deixe de se preocupar

No escritório, tem receio de deixar para os outros a responsabilidade por uma tarefa porque acha custoso treiná-los? Ou porque acredita que não conseguirão dar conta do trabalho e você terá de revisá-lo? Imprima partes da sua lista de atribuições profissionais e discuta-as com seus subordinados. Aproveite para esclarecer uma série de questões relacionadas àquelas atividades. Quando as pessoas sabem exatamente o que os outros esperam delas, mostram-se mais dispostas a cooperar. Além disso, você administrará melhor a sua empresa, pois organizará o fluxo do trabalho e obterá resultados mais satisfatórios de todos.

Para que o processo de delegação seja um sucesso, algumas vezes é preciso deixar que os outros errem um pouco. Errar é bom; significa que as coisas vão para a frente. Se as pessoas não erram é porque não estão assumindo riscos nem desafios. Se você deixá-las errar mais, na verdade vai vê-las brilhar mais. Portanto, aprenda não apenas a tolerar os erros dos outros, mas também a apoiá-los. Não demita a pessoa enquanto não oferecer a ela uma chance verdadeira de acertar. É melhor orientá-la e desenvolvê-la.

Repita sempre que necessário:

DELEGAR TAREFAS É BOM PARA MIM, PARA MINHA AMBIÇÃO E PARA TODOS QUE AMO.

Comece a delegar e os outros a compreenderão. Você se beneficiará ao retirar um peso enorme de suas costas. Se colocar a si mesma em primeiro lugar, prometo-lhe que todos os seus relacionamentos vão melhorar, simplesmente porque você será mais feliz.

Onze

Regra nº 6 da mulher ambiciosa

Não abra mão de seu poder

Margarida, assistente em uma grande empresa, teve a oportunidade de assumir um novo desafio, um trabalho no qual ela possuía pouca experiência:

> Completei os dados de uma planilha. Então, procurei um funcionário mais experiente e disse: "Estou fazendo esse trabalho para um colega e gostaria de saber se você poderia verificar os meus cálculos". Ele me procurou mais tarde e disse: "Seus cálculos estavam errados". "Veja como cheguei a eles", respondi. Ele replicou: "Não me interessa. Eles estavam errados". Reunião encerrada. Vinte minutos depois, ele voltou ao meu escritório e disse: "A propósito, seus cálculos estavam corretos". Pensei: "Deve ter sido muito difícil para ele me procurar para dizer isso".

Porém, Margarida foi rápida demais em confiar nas boas intenções do funcionário:

> Mais tarde, durante uma reunião com o chefe da área financeira, aquele mesmo funcionário se aproximou com um sorriso

> afetado e disse: "Tem certeza de que seus cálculos estão corretos?". Pensei: "Não é estranho ele continuar insistindo em que minhas contas estão erradas?".

Margarida cometeu outro engano ao confiar num dado que o mesmo funcionário havia lhe dado verbalmente – dado que serviu de base para os cálculos:

> Enquanto elaborava a planilha, não tive acesso ao relatório sobre a aquisição das ações – recebi o dado verbalmente e o anotei, mas não o repassei ao meu colega com os meus cálculos. Da próxima vez, vou ter todos os dados e documentos na mão para trabalhar com fontes confiáveis. Porém, baseadas na informação verbal que ele me forneceu, outras pessoas disseram que meus cálculos estavam certos.

Contudo, ela descobriu que havia fracassado – de um modo humilhante e diante de muitas testemunhas:

> Então, outro colega simplesmente me esmagou, dizendo que eu não havia calculado o valor em dinheiro. Ele sequer me deu a chance de explicar – e acabou comigo. Não pude fazer nada. Disse que eu não devia trabalhar em projetos como aquele.

Margarida não fracassou por ter errado seus cálculos. Ela fracassou porque caiu, de olhos fechados, numa armadilha muito bem preparada:

> Tenho certeza de que foi uma armadilha. O funcionário a quem pedi ajuda me sabotou. Ele tinha conhecimento dos termos do contrato e ocultou de mim algumas informações, e isso prejudicou os meus cálculos. Concluí que todos querem ser estrelas, e alguns não se importam em prejudicar os outros, em sabotar, em fazer alguém parecer incompetente.

As mulheres abrem mão do poder porque não defendem suas posições nem reagem contra ações hostis ou golpes baixos. Encare o fato de que as pessoas sentem ciúmes. E alguns vão jogar sujo. Esses não hesitarão em se mostrar melhores fazendo você parecer ruim. Por que não reagimos? Porque não sabemos identificar ladrões de poder nem os incompetentes que cruzam nosso caminho. Não notamos os sinais, as evidências que nos alertam, e assim ficamos cegas. Nesse aspecto, a miopia da mulher ambiciosa é o resultado da seguinte auto-sabotagem socialmente aprovada:

Pele de cordeiro (mensagem visível): Mulheres confiam e são justas. Mulheres têm uma habilidade nata de ver o bem em todas as pessoas. Somos exemplos de ética, integridade e respeito pelos outros.

Lobo (mensagem velada): Se você acusa alguém de tê-la enganado ou intimidado, está sendo desrespeitosa e antiética. E tirando a dignidade dessa pessoa.

Auto-sabotagem socialmente aprovada: Você confia naqueles que querem prejudicá-la e roubar o seu poder. Não percebe a intenção deles. Eles a atacam, mostram-se bons fazendo você parecer ruim. Você não se defende ou demora muito para reagir, só depois que o estrago já foi feito. Por fim, acaba se sentindo e parecendo incompetente e ineficiente.

As mulheres ambiciosas costumam apresentar algumas razões para não se tornarem profissionais mais poderosas e capazes no seu trabalho:

- Não sabem identificar um mau-caráter. Não percebem os avisos de perigo.
- Não confiam em seus instintos quando estão sob ataque ou quando alguém tenta destruir seu trabalho, devido a uma falsa crença de que todas as pessoas jogam limpo e são éticas, assim como elas mesmas.

- Pelo fato de não confiarem na própria capacidade, experiência profissional, julgamentos e instintos, deixam que sabotadores deliberados ou até pessoas bem-intencionadas, mas mal orientadas, plantem uma semente de dúvida em seu coração e em sua mente, que acaba prejudicando sua determinação. Isso abre as portas para que os outros entrem e abalem sua confiança.
- Preferem manter a paz em vez de se defender ou lutar.
- Não são cuidadosas o bastante em relação às pessoas que deixam entrar em seu círculo mais íntimo, por isso se deixam influenciar negativamente por provocadores.
- E, o mais importante, por subestimar o valor do seu poder, duramente conquistado, acabam abrindo mão de lutar para preservar sua reputação profissional, sua competência, o reconhecimento e o respeito que merecem e a integridade de seus sonhos e suas ambições.

Aprenda a identificar agressores, canalhas, provocadores, caluniadores e dissimulados

Existem muitas variedades de canalhas, agressores, usurpadores, provocadores, desonestos, reclamões, caluniadores e dissimulados. Não interessa como você os chama, mas que compreenda o que todos eles têm em comum – se permitir que ajam livremente, eles vão destruir sua força, fazê-la parecer e se sentir fraca e sugar seu poder interior e sua autoconfiança.

Tomemos, por exemplo, o que chamo de um mau-caráter nefasto. São pessoas maledicentes, pessimistas, agressivas, emocionalmente instáveis, ciumentas, hipercompetitivas ou inseguras, que jogam sujo e se dedicam a derrubar os outros. Elas atacam para matar. Não ligam a mínima para você nem para o que pensa, não se preocupam com seus sentimentos nem com o modo como você sofre o impacto do comportamento deles.

Uma mulher poderosa em seu trabalho, que valoriza e preserva seu poder, cortará a ação de um mau-caráter nefasto pela raiz, mesmo que isso exija uma reação enérgica. Depois, ela seguirá em frente, sem desperdiçar tempo e energia lamentando-se pelo que fez ou sentindo-se culpada. Conheci uma mulher que confrontou essa situação, uma profissional decente, boa, que respeita seus colegas e funcionários. A questão é que essas mulheres decentes não podem deixar que esses ratos de escritório avancem sobre elas.

Reconhecer nossas experiências anteriores com ladrões de poder pode nos preparar para identificar o próximo sabotador. Lembre-se de alguma vez em que você foi atacada – por um chefe, um colega, um cliente, um concorrente ou até por um subordinado – e que deixou de se defender.

- Quando e onde você baixou a sua guarda? Como se sentiu durante e depois do ataque?
- O que a impediu de se defender? Por que não pôde dizer a coisa certa naquele momento? Teve medo de que se reagisse correria o risco de sofrer outros ataques e humilhações? Teve medo de chorar, de que sua voz tremesse, de parecer fraca? Chegou a acreditar, no seu íntimo, que o agressor tinha razão?
- Quanto tempo perdeu remoendo o que poderia ou deveria ter dito, os desdobramentos de não ter dito nada, o que outros estariam pensando de você agora? À noite, durante o jantar com sua família, viu-se distraída reprisando as cenas do ataque? Perdeu o sono porque não conseguia parar de pensar no que havia acontecido e porque estava furiosa com o agressor e consigo mesma?
- Desperdiçou tempo precioso preocupando-se com um novo ataque? Passou a ter horror de reuniões em que seu agressor estaria presente, porque temia ser atacada mais uma vez a qualquer momento? Pensou obsessivamente em todas as maneiras possíveis nas quais o ataque teria prejudicado a sua posição e reputação na empresa? No mercado como um todo?

Reconheça-os e proteja-se

Use o seguinte exercício para fortalecer o seu poder, aprendendo a identificar as pessoas cruéis em suas várias versões:

- O Maledicente Inconveniente. Pense naquele colega do escritório de quem você menos gosta e que mais suga seu tempo e energia – aquela pessoa que, numa reunião da equipe, nunca se controla além de cinco minutos antes de vociferar comentários negativos e sarcásticos.
- O Ladrão de Poder Manipulador. Agora pense em alguém numa posição superior que adora manipular os outros. Ele lhe dirá, por exemplo: "Tem certeza de que alcançará a sua meta? Tem certeza? O que acontecerá se você superdimensionou suas projeções?". Contudo, você sabe que está certa – e pensa que ele também sabe.
- O Mau-caráter Nefasto. Imagine aquele diretor de outro departamento – um colega do seu nível – com quem sua equipe deve trabalhar para atingir objetivos maiores. Normalmente, ele grita nas reuniões e destrata todos da equipe, inclusive você: "Esse é um pedido impossível do cliente e essa estratégia é ridícula. Vocês, seus imbecis, não merecem o salário que esta empresa lhes paga! O que fazem o dia inteiro – navegam na internet? Na minha opinião, vocês não fizeram absolutamente nada desde a última reunião. Há alguém no comando aqui?". Não é raro que tanto os seus subordinados quanto os dele acabem chorando depois de receber um e-mail ou uma ligação malcriada dele. Você não chora. Está apenas ofendida, mas não tem certeza do melhor modo de lidar com uma pessoa instável e estúpida.
- O Dissimulado "Estou apenas preocupado com você". Pense em uma pessoa em sua vida – um colega, um parente ou outra pessoa fora do seu trabalho – que sempre julga saber, melhor do que você, o que é melhor para você. Aquela pessoa que questiona as suas

decisões e sutilmente tenta lançar as sementes da dúvida em sua mente. "Tem certeza de que essa decisão é o melhor para a sua carreira, sua família e seu próprio bem-estar?". Ou: "Tem mesmo certeza de que deve aceitar essa promoção? Você terá que viajar 50% do tempo. Não está preocupada com a idéia de ficar longe do seu marido e estragar o seu casamento?". Ou: "Está realmente confiante de que terá o capital necessário para abrir seu próprio negócio? E se as coisas não derem certo? Como pagará as contas?".

- O Provocador de Poder Passivo-Agressivo. Identifique alguém em seu trabalho ou na vida pessoal que jamais diz explicitamente que você se enganou, mas cuja entonação denota espanto ou dúvida, sugerindo que, talvez, você deva repensar sua posição. Por exemplo, após contar a uma pessoa assim sobre o grande projeto que você acaba de assumir, ela exclama: "*Verdade?* Boa sorte. Mas, estou preocupada; talvez você não seja capaz de dar conta dessa responsabilidade sozinha".

Muitas vezes, as mulheres ambiciosas se deixam influenciar por provocadores, porque nunca ocorre de questionarem os motivos secretos dessas pessoas. Está na hora de responder a um novo Teste de Realidade para mudar esse comportamento.

TESTE DE REALIDADE

Você é vulnerável a Provocadores?

Você dá ouvidos a canalhas, sabotadores, dissimulados e maledicentes?

1. Se alguém critica minha idéia, minha primeira reação é pensar: "Talvez ele tenha razão".
   ( ) Verdadeiro
   ( ) Falso. Minha primeira reação é: "Ele não sabe o que diz. Não entendeu a idéia. Que pena para ele".

2. Quando alguém reage negativamente a algo que acabei de dizer sobre o meu trabalho, fico aborrecida e confusa.
   ( ) Verdadeiro
   ( ) Falso. Estou segura e confiante em relação ao meu trabalho, por isso, uma discordância ou crítica não me abala.
3. Quando percebo que alguém sutilmente tenta me prejudicar, penso na hora: "Eu devo estar imaginando coisas. Ela (ou ele) certamente está do meu lado".
   ( ) Verdadeiro
   ( ) Falso. Tenho ótimos instintos para identificar pessoas nefastas. Assim, confio na minha intuição.
4. Acabei de contar a uma colega tudo sobre minha maior ambição e meus planos para chegar lá, e suas primeiras palavras foram: "Mas, como vai conseguir dinheiro para isso? Não há previsão no orçamento". Sinto um frio na espinha na hora.
   ( ) Verdadeiro
   ( ) Falso. Meu primeiro pensamento é: "Ela não viu meu balancete". Meu segundo pensamento é: "Ela pensa pequeno". E o terceiro: "Sempre há um jeito. Sou ambiciosa, acima de tudo".
5. Em uma reunião, se um colega sussurra algum comentário logo após eu ter apresentado a minha opinião, pergunto-me se não pareci uma idiota.
   ( ) Verdadeiro
   ( ) Falso. Penso que o colega teve uma atitude nada profissional e inadequada, e sei que os outros presentes pensam o mesmo. Além disso, não me intimido em chamar a sua atenção publicamente: "Fulano, você acabou de sussurrar um comentário que eu não ouvi. É importante?".
6. Sinto-me especialmente fragilizada e desequilibrada quando o comentário cruel é feito por um superior ou alguém de prestígio.
   ( ) Verdadeiro

( ) Falso. Sei que nem todos os que ocupam uma posição de poder têm boas qualidades. A atitude negativa dessa pessoa se voltará contra ela. Não deixo que isso afete minha auto-estima e minha autoconfiança.

7. Se alguém me disser: "Ah, não. Você não quer fazer isso, quer?" – minha primeira reação será duvidar das minhas idéias e objetivos.

( ) Verdadeiro

( ) Falso. Minha reação é dizer ou pensar: "Como sabe o que quero fazer?". Ou poderia dizer, com uma pitada de ironia: "Obrigada por me dizer o que *eu* quero fazer". Depois, sigo em frente, deixando essa pessoa nefasta para trás.

8. Se uma colega, após eu ter-lhe contado sobre os meus objetivos, observar: "A concorrência nessa área é feroz. Só uns poucos se saem bem".

( ) Verdadeiro

( ) Falso. Penso que ela sente ciúmes de mim ou que é extremamente competitiva. Ou, talvez, ela seja incompetente e nem é capaz de disfarçar.

9. Se o empréstimo que pedi para abrir o meu negócio foi recusado pelo banco, pergunto-me se devo insistir nessa idéia.

( ) Verdadeiro

( ) Falso. Tenho confiança de que serei capaz de identificar outras fontes de financiamento

10. Se fracassei na primeira tentativa de lançar um novo projeto, sinto-me hesitante e insegura.

( ) Verdadeiro

( ) Falso. Tenho consciência de que fracassar faz parte de alcançar o sucesso. Da próxima vez, eu me sairei melhor, porque terei aprendido com meus erros.

11. Se uma colega me diz: "Não faça isso desse jeito. Faça daquele (do meu) jeito", sinto-me confusa sobre a melhor forma de agir.

( ) Verdadeiro

( ) Falso. Digo em voz alta ou só para mim: "Tenho certeza de que o meu jeito é o correto".

12. Se uma pessoa me diz: "Você é muito velha (ou muito nova) para fazer esse tipo de coisa", tenho vontade de me esconder num buraco.

( ) Verdadeiro

( ) Falso. Acredito que a idade é irrelevante. Melhor, a idade me dá uma vantagem pelo conhecimento e experiência que acumulei.

Se você respondeu verdadeiro a duas ou mais dessas afirmações, precisa fortalecer suas estratégias de defesa contra os provocadores. Não se preocupe. É perfeitamente normal sentir-se abalada quando uma pessoa nefasta ataca você ou sua idéia. O importante é não deixar os sentimentos negativos tomarem conta de sua mente e de sua confiança. Numa situação dessas, sinta o impacto por um minuto, uma hora ou um dia e, depois, esqueça. Siga em frente, otimista, e, o mais importante, armada com estratégias para se proteger e defender seu poder de novos ataques.

Doze

Regra nº 7 da mulher ambiciosa

Neutralize os provocadores

Muitas profissionais têm dificuldade de mudar sua atitude em relação aos provocadores e outras pessoas nefastas, e assumir de vez o poder que elas conquistaram com trabalho sério. Você pode descobrir que dá a esses provocadores mais crédito e importância a respeito de sua carreira e ambição do que eles merecem.

Pele de cordeiro (mensagem visível): Mulheres são pacíficas por natureza. Elas são a força que mantém famílias e comunidades unidas.

Lobo (mensagem velada): Mulheres não devem ser lutadoras. Não devem se defender nem revidar. Entrar em uma briga significa que fracassaram em seu papel de edificadoras da união.

Auto-sabotagem socialmente aprovada: Você deixa os outros roubarem seu poder. Sente-se fraca, impotente e ineficiente para realizar seus sonhos. Sente-se incompetente para o mundo dos negócios.

O ponto central aqui é deixar as emoções de lado e olhar objetivamente para os fatos e entender o que está sendo comunicado a você – direta ou indiretamente. Se puder preparar-se para radiografar cada lance nessas situações, em vez de deixar que o ataque a atinja visceralmente, você será capaz de detê-lo quando isso acontecer. Estará preparada para proteger-se de um doloroso golpe mental ou emocional. Na verdade, sua autoconfiança a tornará capaz de desviar, imediata e elegantemente, toda a energia negativa que vem dos detratores e colocá-los na defensiva: "Hum... Por que diz uma coisa assim tão negativa?". Melhor ainda, você será tão hábil em neutralizar o impacto pretendido por seus agressores que, por vezes, sequer sentirá a necessidade de responder: "Ah, puxa. Olha a hora. Preciso ir".

Após desenvolver a habilidade de reagir aos provocadores dessa forma, você não desperdiçará sequer um instante de sua vida analisando por que dos comentários maldosos ou se há alguma verdade neles. Essa nova maneira de pensar liberará muita energia que você usará para alcançar seus objetivos, e não para se preocupar com pessoas que querem derrubá-la com sua negatividade.

Estratégias para neutralizar provocadores

Confie na intuição

Se tiver a impressão de que alguém está aprontando alguma para você, acredite, provavelmente está. Se estiver com uma sensação estranha na boca do estômago ou em qualquer outra parte do corpo em que os seus instintos se manifestam – um aperto no coração, uma sensação de peso nos ombros –, então, preste muita atenção. Não ignore suas percepções. Também não se preocupe em conversar com os provocadores. É perda de tempo e esforço – eles jamais admitem seu comportamento.

Mantenha-se ligada nos seus instintos, ouça o que eles estão lhe dizendo. Assim, poderá ficar fora do alcance de um golpe inesperado. Você será intocável. Além de protegê-la, essas fronteiras impedem que pessoas nefastas roam a sua autoconfiança. Isso lhe dará uma perspectiva mais clara sobre a situação e lhe permitirá, por fim, escapar ilesa.

Acerte na resposta

Quantas vezes pensou em uma resposta perfeita para dar a um provocador, mas só depois de ter sofrido uma investida? Não existe nada mais frustrante do que ficar muda na hora do ataque, em choque ou sem saber o que dizer, e só pensar na resposta certeira quando já é muito tarde.

Contudo, uma resposta elegante, um tanto ambígua, mas vigorosa e perfeitamente sincronizada com a provocação recebida, neutraliza um mau-caráter, além de torná-la menos vulnerável. Dê uma resposta rápida no ato.

Prepare-se para isso. Arme-se com cinco, seis ou mais respostas certeiras básicas – aquelas que servem para várias ocasiões – e dispare-as quando receber um ataque verbal. É como ter um guarda-roupa básico, calça preta, camisa branca, um bom par de botas, enfim, peças que nunca saem da moda. Escolha um bom acessório para dar o toque adequado ao momento e você estará bem vestida para qualquer situação.

Exemplo 1: Em uma reunião com cinco ou seis colegas seus, o provocador diz: "Estou preocupado com você, achando que esse projeto esteja além da sua compreensão". Em um tom suavemente divertido e levemente sarcástico, responda: "Ótima observação". Tradução: "Você deveria preocupar-se com você, não comigo". Em seguida, diga aos demais, sem olhar para o mau-caráter: "Muito bem. Vamos em frente". Ou: "Alguém mais tem outro comentário *sério* a fazer?".

Exemplo 2: a provocadora diz: "Estou preocupada com você, pensando que não conseguirá dar conta do trabalho sozinha". Com um sorriso de satisfação, responda: "Obrigada por pensar em mim!". Então, ria, divertida, balançando a cabeça e afaste-se.

Exemplo 3: Em plena reunião de equipe, um provocador dispara: "Você está naquele período do mês?". Sem piscar os olhos, responda com um riso de desdém: "Você está louco?". Então, encare-o por alguns segundos – instantes que serão difíceis para ele, não para você – com um olhar fixo e levemente divertido, condescendente. Depois, volte-se para os outros e diga calmamente: "Muito bem, vamos tratar do nosso próximo assunto".

Outra opção para esse caso é usar a mesma expressão facial, rir e responder: "Fulano! Acho que é você quem está nesse período do mês! Tudo bem. Tome um calmante ou vá para casa se precisar". Em seguida, volte sua atenção para o grupo: "Vamos continuar nossa reunião. Estamos indo muito bem".

É claro que você poderia dizer: "Não acredito que tenha feito um comentário tão machista!". Porém, esse tipo de abordagem pode render outras provocações e desdobramentos, além de mostrar que você ficou ofendida ou irritada, o que não é uma boa estratégia. Mantenha a calma, use respostas que cortem o mal pela raiz quando for necessário, e esqueça.

Outro aspecto vantajoso da estratégia "bateu-levou", mas com elegância, é que, se você estiver diante de outras pessoas, uma resposta refinada e inteligente fará o agressor parecer inadequado ou desagradável, não você.

Técnicas alternativas: Experimente a estratégia do silêncio. Olhe para o provocador de maneira impenetrável e astuciosa, um olhar planejado para durar alguns poucos e penosos segundos. Não levante as sobrancelhas, não franza a testa, permaneça impassível, sem mostrar qualquer expressão, de modo que seu provocador não saiba se você está magoada, zangada, atordoada ou alegre. Isso é desconcertante para um mau-caráter que se alimenta das reações emocionais dos outros diante de um ataque-surpresa. Sua força está justamente no fato de que você não deixa transparecer nenhuma reação nem emoção; seu rosto é uma tela em branco, enigmático. Assim, resta ao mau-caráter a vontade de saber o que você está pensando, privado que foi da satisfação de vê-la destruída. Em silêncio, conte vagarosamente os segundos em sua mente. Quando chegar ao 15º segundo, e somente nesse instante, simplesmente diga: "Então, vejo você na reunião da tarde". Lance um breve sorriso e afaste-se. O agressor ficará coçando a cabeça, perguntando-se, afinal, o que aconteceu.

Em um outro exemplo, ao final de uma reunião, quando todos se levantam para sair, a provocadora joga sua bomba: "Que perda de tempo!". Na hora, você exclama: "Essa foi uma reunião realmente muito produtiva. Obrigada a todos por tantas idéias inspiradoras". Então, referindo-se diretamente a algumas pessoas, dispare rápidos comentários: "Fulano, sua apresentação foi ótima, bastante completa. Beltrana, parabéns pelo novo cliente...". Não se refira à agressora nem mencione seu nome. Retire-se calmamente, enquanto as circunstâncias se encarregam de revelar a pessoa difícil que ela é. Acredite em mim, ninguém (exceto outros provocadores – e, felizmente, em geral, só há um mau-caráter por sala) gosta de negativismo. As pessoas equilibradas, na verdade, ficarão felizes e impressionadas por você ter silenciado a inconveniente. Assim, você também ganha pontos no quesito liderança. As pessoas vão lembrar da sua elegância diante de uma pessoa maledicente.

Pratique todas essas respostas em casa, sozinha, em frente ao espelho ou enquanto se exercita na esteira. Pratique muito, até que essas estratégias se fixem em sua mente, onde elas se tornam poderosos recursos que você usará com naturalidade. Enfrente um agressor nos seus termos. Além disso, mantenha-se em forma. Nada faz você se sentir mais poderosa do que saber que seu corpo é forte. Ganhe vantagem competitiva em relação a um mau-caráter também cuidando da alimentação e do sono e praticando exercícios.

Faça de um provocador o seu aliado

Délia, 42 anos, foi convidada para assumir a vice-presidência de desenvolvimento de negócios, uma nova divisão na empresa, uma grande indústria farmacêutica. Enquanto pensava no convite, ela perguntou a um colega como ele se sentiria trabalhando sob a supervisão dela. Délia descreveu a resposta amarga: "Ele me disse claramente que eu não daria conta do trabalho: 'Acho que você não está pronta para toda essa responsabilidade. Esse cargo é muito pesado para você. Eu disse ao presidente da empresa que ele não deveria convidá-la'". Ela contou que, em seguida, o colega forneceu-lhe o que ela considerou ser uma avaliação honesta do seu futuro departamento e quais eram, na opinião dele, os desafios a enfrentar.

Para Délia, a reação inicial do seu colega foi "terrivelmente honesta" e "dolorosa de ouvir". Contudo, hoje ele é o seu braço direito. Como isso aconteceu? Ela me explicou:

> A reação inicial dele, pensei, foi uma reação honesta, e eu esperava honestidade. Meu instinto não indicava nenhuma tentativa de sabotagem. Ele estava desapontado por ter perdido a chance de uma grande promoção. Um mês após eu ter assumido meu novo cargo, procurei-o e pedi para que se explicasse. Então, ele disse: "Fiquei realmente chocado. Não esperava que você fosse a escolhida para o cargo. Não sabia que a decisão já havia sido tomada".

Délia reconheceu que o seu desapontamento e o modo como ele respondeu eram reações humanas normais. Entretanto, ela também pensou que algumas semanas seriam um tempo razoável para ele superar aqueles sentimentos primários. Assim, além de lhe pedir explicações, ela comunicou-lhe suas expectativas:

> Após ouvi-lo, eu disse: "Achei sua reação muito normal. Agora, preciso saber se você está comigo, se vai me apoiar e se vai seguir e defender meus planos. Você não pode se opor a mim, portanto, devemos estar do mesmo lado". Então, ele concordou comigo. Hoje, temos um excelente relacionamento profissional. Assim, valeu a pena enfrentar aquela situação delicada para mantê-lo em minha equipe.

Prepare-se para o trabalho

Para ter um maior controle sobre uma reunião e seus resultados, fundamente suas opiniões e recomendações em dados consistentes. Contate pessoas conhecidas que possam lhe dar informações de bastidores. Pesquise. Recolha e organize dados que poderão ser úteis. Prepare-se para o trabalho.

Antes de uma reunião, faça uma revisão das informações que já possui sobre o assunto em pauta. Avalie o estilo de negociação dos participantes. Antecipe eventuais pontos de convergência, concordância e discordância. Prepare-se para uma argumentação lógica e também emocional. Esteja pronta para o que der e vier.

Fortaleça-se para controlar seu espaço

Você pode tornar-se mais forte a cada dia de sua vida profissional. Antes de se dirigir à sala de reuniões, sente-se em sua sala ou procure um banheiro, se estiver fora do seu território, qualquer lugar onde possa se concentrar, respirar fundo, organizar seus pensamentos, visualizar os principais temas a serem discutidos, pontos de concordância e discordância etc. Mantenha os pés firmes no chão. Em seguida, arrume o cabelo ou escove os dentes. Ajeite as meias, a saia, a blusa. O melhor é chegar mais cedo. Sente-se na sala, familiarize-se com o lugar, visualize a reunião e os resultados que espera alcançar. Com isso, terá conquistado a vantagem de jogar em casa, pois tomou posse do espaço antes dos demais.

Antes de entrar nessa guerra, faça tudo o que a deixa mais forte, calma e no controle. Use aqueles instantes para sentir a sua força, o seu poder.

A propósito, em reuniões importantes, use seu melhor *tailleur*, sempre. Armar-se com uma roupa poderosa causa impacto. Por isso, vista-se para matar.

Decisões transparentes

Os outros não podem ver o que se passa em sua mente nem os motivos pelos quais toma certas decisões ou determinados rumos. Algumas vezes, compartilhar sua forma de pensar com agressores poderosos pode ser uma boa estratégia. Em certos casos, eles até desistirão de puxar o seu tapete. Veja o que Christine Comaford-Lynch tem a dizer sobre o assunto:

> Quando enfrento oponentes que ameaçam criar impasses, mostro meu processo decisório e envolvo os outros nele. Por exemplo, se estou coordenando uma reunião em que há um impasse e explico meu pensamento aos dissidentes, podemos chegar a um acordo. Assim, posso dizer: "Meu modo de pensar é este. Já o experimentei antes quando trabalhava em tal e tal empresa, e o resultado foi X". Em seguida, descrevo essas experiências. Por fim, comparo a posição deles e a minha: Entretanto, já vi projetos seguindo nessa direção que resultaram em Y". Às vezes, essa estratégia consegue reverter as coisas e, assim, seguimos em frente, em vez de irmos de encontro a uma parede.

Compartilhe seu modo de pensar e de tomar decisões e envolva as pessoas nesses processos. Assim, eles saberão o que esperar de você e estarão mais preparados para o trabalho. Com isso, estarão menos inclinados a obstruir o caminho – o seu e o da empresa.

Desarme os agressores com humor

Não vamos nos esquecer do humor. Franci J. Blassberg é sócia da Debevoise & Plimpton LLP e foi indicada pela *National Law Journal* [*Revista Nacional de Direito*] como uma entre os 100 advogados mais influentes dos Estados Unidos. Certa vez ela me disse: "Às vezes, basta um minuto para mudar o tom em uma sala – para abrandar a tensão – com humor e uma boa dose de autodepreciação". O humor autodepreciativo bem usado é um indicador de inteligência emocional, a habilidade de interagir efetivamente com os outros.

Algumas vezes, você é atacada com um insulto. Esse, claro, não é o momento para usar o humor autodepreciativo. Uma atitude igualmente agressiva também não é a melhor estratégia. Em vez disso, aprenda a usar um humor agressivo, mas que desconcerta e desarma, um humor que dá "um tapa com luvas de pelica", ou seja, uma vingança executada com elegância. Vejamos um exemplo.

Franci contou-me o que um cliente lhe disse no início de sua carreira:

> Ele disse: "Jamais imaginei que teria uma advogada radical, judia e feminista". Pensei que ele apenas queria dizer: "Meu Deus, você é realmente uma boa advogada e posso ver isso além de todas as outras coisas". Assim, achei que ele não tinha a intenção de me dispensar, embora outros pudessem interpretar desse modo. Então, respondi, brincando: "Estou indignada com o seu comentário. Não sou radical". Acho que usar o humor de modo agressivo, tanto ofensiva como defensivamente, é uma excelente estratégia para as mulheres. Não fica claro se a resposta que dei era para ofender ou para me defender. Porém, com isso, você consegue aliviar a tensão usando o humor. As mulheres precisam aprender a usá-lo, em vez de parecerem nervosas e frágeis.

O humor é algo de que todo mundo gosta. Por isso, ele pode ser uma ótima ferramenta para desarmar possíveis detratores. Além do mais, nada é melhor do que rir – menos quando se tem um oponente feroz com quem você nem pensa em compartilhar uma boa gargalhada. Lembre-se: rir é realmente o melhor remédio.

Evite as pessoas negativas

Nunca é demais enfatizar a importância de se erguer uma barreira entre você e as pessoas negativas e maledicentes, principalmente quando estiver numa fase importante do seu desenvolvimento profissional. Você sabe quem elas são – pessoas que o tempo todo parecem querer lhe dizer, ofensivamente, quando não dizem de fato: "Afinal, quem você pensa que é?".

Antônia, mãe de dois filhos, 40 anos, que sonhava em terminar os estudos e, com a idade de 35, conseguiu voltar para a faculdade, contou-me que um professor referiu-se a ela como "repetente". Esse mesmo agressor desencorajou-a a falar em sua aula, dizendo-lhe, quando ela ergueu o braço pedindo a palavra: "Já ouvimos o bastante de você, vamos deixar os outros responderem". Ela deixou de freqüentar aquele curso no mesmo dia, mas só depois de confrontar o professor, em particular, sobre sua tentativa inadequada e desnecessária de humilhá-la em público. Disse ela: "Havia muitos outros professores renomados na escola. Decidi que não precisava me submeter àquele tipo de tratamento e que tinha o direito de continuar o curso com professores tão interessados em minha formação profissional quanto eu mesma". Depois disso, Antônia conseguiu uma vaga no programa de mestrado em finanças e uma ótima oportunidade de estágio numa organização.

É extremamente importante para seus planos de ambição, assim como para o seu ego e a sua paz de espírito, que você se sinta poderosa para proteger a integridade de seu pensamento, sua criatividade, produtividade, disposição e seu otimismo. É crucial que você proteja seus esforços e planos das pessoas que são tão cruéis que exalam seu negativismo antes mesmo de abrirem a boca.

Não se coloque para baixo

Não podemos terminar este capítulo antes de abordar o comportamento autodestrutivo que nos leva, algumas vezes, a agir como nossas piores agressoras, menosprezando nosso valor e competência profissional com pensamentos negativos.

Pense em como você se põe para baixo dizendo a si mesma, em sua mente, coisas depreciativas sobre sua capacidade, seu trabalho, sua aparência, seu modo de falar, seu peso, as decisões que tomou, as reações que teve etc. É como se tivéssemos esse pequeno juiz dentro de nossa cabeça, implacável e punitivo, que age como o nosso pior inimigo.

Como mulheres ambiciosas, podemos ganhar mais poder interior se aprendermos a nos enxergar com outros olhos. Ter um novo ponto de vista é uma vantagem que nos ajuda a calar a voz interior que tenta nos levar para baixo.

Quando ouvir essa voz depreciar algo em si mesma, procure tomar consciência dessa ação autodestrutiva e tentar combatê-la, apoiando-se em pensamentos positivos e encorajadores, do mesmo modo como faz para as pessoas mais queridas. Use sistematicamente essa estratégia até que o novo e bom hábito fortaleça sua auto-estima e substitua o mau hábito da autodepreciação.

Treze

Regra nº 8 da mulher ambiciosa

Você merece estar aqui

Acho que as mulheres bem-sucedidas, quando questionadas, admitiriam que algumas vezes receiam ter superdimensionado suas capacidades. Por exemplo, eu digo a mim mesma: "Quem você pensa que é?". Quando pergunto a meu marido: "Por que eu deveria esperar todo esse sucesso?", ele sempre responde: "Porque você é ótima no que faz. Porque você deve vencer. Porque você merece".

Mary Lou Quintan

Freqüentemente, muitas mulheres ambiciosas são assombradas pelo fantasma da dúvida de que realmente não merecem sua posição profissional e, por isso, temem que um dia a casa cairá. Uma jornalista vencedora do Prêmio Pulitzer contou-me que pode receber centenas de cartas cheias de cumprimentos e mensagens positivas e apenas uma carta negativa. É justamente a carta ruim que fica em sua cabeça por dias, perseguindo-a, porque ela acredita ser a única verdadeira. Em seu íntimo, a jornalista receia que quem escreveu a carta pode saber de alguma coisa. Embora tenha todas as credenciais e todos os conhecimentos de sua área, já tenha demonstrado sua competência e inteligência e tenha uma ampla formação educacional e um incrível sucesso, ela ainda tende a pensar: "Será que eu mereço...". Por qualquer parâmetro que seja, ela merece, sim, a posição e o reconhecimento que tem e o salário correspondentes, mas de algum modo ela se sente indigna desses méritos. Sua face de mulher profissional parece uma personagem falsa. Ela é como uma pessoa que acaba de deixar suas pegadas na areia, mas não as reconhece como suas quando olha para trás.

Oh, meu Deus! Toda vez que me ligam perguntando algo,
eu ainda penso: "Eles vão descobrir que eu não sei nada".

Sara, 40 anos, vice-presidente executiva da firma de serviços financeiros Fortune 500.

Em 1998, Liz Roberts, primeira vice-presidente da Smith Barney, em San Rafael, na Califórnia, e uma das primeiras mulheres que aderiram à Aliança para os Negócios da Mulher, disse-me:

> Raramente falei com uma mulher que não expressasse aquela sensação de que tudo está indo por água abaixo. Há sempre uma mulher pensando que vai descobrir, cedo ou tarde, que não sabe o que está fazendo, mesmo se estiver no comando da Hewlett-Packard.

Os comentários de Liz foram premonitórios e irônicos. Carly Fiorina só assumiu a presidência da Hewlett-Packard um ano depois, em 1999. Seis anos se passaram até que as coisas não dessem certo para ela, pelo menos naquela cultura corporativa (tenho certeza de que a Sra. Fiorina já tem novas ambições pela frente).

A pesquisadora Peggy McIntosh, do Centro para as Mulheres da Faculdade Wellesley, que observou mulheres ministrando palestras em eventos profissionais, diz que muitas dessas oradoras iniciam suas observações da seguinte maneira: "Não tenho certeza do que estou falando, mas...". Ou: "Não conheço esse assunto profundamente, por isso vou limitar meus comentários a... ". Esse tipo de isenção de responsabilidade é um golpe antecipado da parte da oradora; assim, ela deprecia a si mesma antes que outra pessoa possa fazê-lo. Muitas mulheres a quem entrevistei relataram que, de vez em quando, têm a sensação de que serão apontadas pelos colegas como fraudes.

Pele de cordeiro (mensagem visível): Mulheres são humildes por natureza; elas não consideram sua excelência profissional uma coisa verdadeira. Em relação a esse aspecto, questionar a capacidade de alguém para entrar na liga das mulheres ambiciosas é inteligente e até uma virtude. As mulheres são mais predispostas do que os homens para a autocrítica e para questionar, de um modo positivo, de que forma podem se aperfeiçoar continuamente, ou até se querem competir no mercado. A sensação oculta de insegurança profissional que acompanha as mulheres é, na verdade, um alerta evidente: isso não significa que elas não podem entrar no jogo dos negócios; mas preferem não jogar porque têm valores mais autênticos e prioridades mais importantes do que o mundo do trabalho pode oferecer. A tendência introspectiva das mulheres e a sua dedicação ao próprio aprendizado e aperfeiçoamento permanentes são atributos positivos, principalmente diante do fato de serem novas no jogo dos negócios. Elas podem determinar o quanto valem de acordo com seus próprios padrões.

Lobo (mensagem velada): Se as mulheres sacrificarem sua natureza de despretensão e desprendimento, poderão dar passos maiores do que suas pernas lhes permitem. Afinal, as mulheres ainda são iniciantes no mundo dos negócios. Não devem superdimensionar a sua capacidade nem esquecer o seu lugar. Caso contrário, serão humilhadas e não atingirão o sucesso de um verdadeiro profissional. Contudo, se permanecerem humildes, pode ser que consigam o seu lugar talvez no próximo século.

Auto-sabotagem socialmente aprovada: O alarme para "tudo-está-indo-por-gua-abaixo" pode soar a qualquer momento em sua mente. Isso a impede de aproveitar a sua ambição e o seu sucesso. Momentos de confiança e tranqüilidade são, com freqüência, comprometidos por súbitos alertas de terror e de insegurança, advertindo-a de um iminente ataque à sua credibilidade profissional. Você pensa que jamais se tornará uma mulher ambiciosa por completo, que, simplesmente, aprecia suas conquistas e ama sua carreira e sua vida.

Nosso desafio é superar essa mentalidade e ser uma mulher ambiciosa por inteiro. Por que não deveria? Você trabalhou duro. Sonhou grande e teve a determinação para lutar por suas ambições. Deve sentir-se satisfeita consigo mesma à medida que sua carreira avança. Vamos começar com um Teste de Realidade para ver se, e de que forma, você pode ser acometida pela insegurança que a faz sentir-se uma fraude, uma intrusa no mundo dos negócios. Quais dessas afirmações se aplicam a você?

TESTE DE REALIDADE

O fantasma da insegurança me persegue?

- Você adota uma atitude defensiva porque acredita, em seu íntimo, que tem alguma coisa a explicar ou compensar (como ser uma fraude)? Por exemplo, antes de dar uma opinião, você diz: "Desculpem-me se falo de maneira inadequada, mas... ". Ou: "Posso estar enganada, mas aqui vai..."?
- Tem medo de dizer que não sabe alguma coisa, porque, desse modo, a verdade será revelada: você não sabe mesmo coisa alguma.
- Você devora loucamente toda publicação profissional para o caso de precisar responder um questionário algum dia.
- Procura mencionar em cada conversa que você freqüentou a melhor universidade de sua área.
- Quando alguém a cumprimenta por suas conquistas, você fica corada.
- Evita levantar-se em um evento para falar ou fazer perguntas.

- Ao apresentar seu ponto de vista, sobretudo em uma reunião, prefere um tom baixo ou fraco para se expressar. Por exemplo, quando começa a falar, as pessoas a interrompem dizendo: "Não conseguimos ouvi-la aqui atrás!".
- Evita questionar uma idéia de que discorda. Ou prefere não declarar uma opinião impopular.
- Você prefere fazer exposições breves, para, rapidamente, deixar de ser o alvo das atenções dos outros.
- Costuma mesclar suas exposições com gestos de dúvida ou indiferença, como se quisesse neutralizar a sua própria idéia ou pensamento.
- Prioriza a concordância ou o consenso dos outros logo após a sua apresentação, dizendo, por exemplo: "Vocês pensam assim, não?". Ou: "Está certo?".
- Você prefere calar, mesmo quando tem uma opinião e gostaria de manifestá-la.

Se você identificou-se com três ou mais desses comportamentos, é porque faz de tudo para passar despercebida quando deveria estar em evidência. Ficar invisível com o intuito de evitar parecer uma fraude pode trazer sérias conseqüências.

Por exemplo, essa tendência limita a sua habilidade para combater obstáculos externos. Em uma situação de conflito em que você precisa ser agressiva, sua voz interior a coloca numa posição de defesa. Você pensa: "Talvez eles estejam certos e eu realmente não saiba do que estou falando". No minuto em que pensar uma coisa assim, você estará perdida. Jamais conseguirá a firmeza apropriada para dizer: "Eu conheço a situação. Conheço a lei. As opções são claras. Você me paga um bom salário para ter o parecer de uma especialista. Aqui está ele". Você se recusa a aparecer em eventos públicos ou na mídia, os quais poderiam trazer-lhe reconhecimento e influência. Enfim, o fantasma da insegurança afeta a sua habilidade de competir, seja por prêmios, por contratos ou por um novo cliente.

Além disso, esconder-se por medo de se expor como uma mulher insegura, ou incompetente, impede-a de lutar por um salário melhor, ter mais poder e receber o reconhecimento e o crédito que você merece. Por fim, esse comportamento destrói a sua autodeterminação para buscar suas ambições.

Combata o medo de falar em público

Um dos problemas mais comuns que as mulheres enfrentam é a relutância em falar para um grupo de pessoas. Esse medo é sintoma de algo mais profundo: o medo da visibilidade, da exposição. Esse sentimento tem raízes no seguinte raciocínio: "Se eu ficar muito visível, as pessoas poderão ver os meus erros. Depois, vão me criticar por não ter os conhecimentos necessários".

Existem algumas estratégias simples para combater o medo de falar em público. Vamos a elas.

Pergunte-se: Qual é a pior coisa que pode acontecer?

Um certo medo da exposição pública é normal e esperado, mas se você sente uma resistência anormal a situações como essa, deve se perguntar se há uma razão mais profunda para isso. Um nível de ansiedade exagerado diante de tarefas simples como falar, em geral, indica a existência de temores ocultos mais sérios. Você precisa descobrir se esses medos são racionais ou irracionais. Para tanto, faça-se a seguinte pergunta para ajudá-la a entender do que você tem medo: Qual é a pior coisa que poderia acontecer se eu fosse vista por todos em um auditório? Veja algumas das piores situações possíveis: Morrerei se eu errar. O mundo vai acabar se eu me arriscar e fracassar. Jamais terei uma outra chance se agora trocar os pés pelas mãos. Perderei o emprego e o respeito dos meus colegas. Depois, perderei meu marido. Em seguida, perderei minha casa. Minha vida jamais será a mesma. Então, por que me arriscar? É um preço muito alto a pagar se eu me expuser sem ter certeza do que estou fazendo.

Bem, quem é o problema agora? Alguma dessas situações é verdadeira ou apenas um tanto exagerada? Supondo que essa situação seja verdadeira, que o pior aconteça, você sobreviverá e, mais do que isso, poderá tornar-se uma profissional mais forte, mais resistente e mais experiente. Anos atrás, Barbara Corcoran falou-me sobre a primeira vez que se viu diante de um auditório lotado de profissionais. Sua voz começou a tremer tanto que ela não conseguia falar, tendo que se sentar. Torturada e envergonhada, voltou para casa. Barbara se refez e retornou. Em uma demonstração de força pessoal, ela procurou uma universidade, apresentou-se como palestrante experiente e disse que gostaria de ensinar. Então, ela foi contratada. Hoje, é uma das mais carismáticas oradoras que já ouvi, uma habilidade que aprendeu quebrando a cara e dando a volta por cima.

Levante-se e fale sem medo

Em um grande evento da Aliança para os Negócios da Mulher, vi uma profissional, líder em sua área, esforçar-se bastante para falar publicamente. Embora eu tivesse pedido a todos os oradores que se levantassem para falar, ela permaneceu sentada com as mãos sobre os joelhos, o rosto vermelho e a voz trêmula. A próxima palestrante, uma médica bem-sucedida, estava tão nervosa por estar no foco das atenções que sua cadeira caiu quando ela se levantou. Essas mulheres são brilhantes profissionais, mas devem ter perdido muitas oportunidades pelo medo de se expor.

Por isso, se você identificou-se com essas histórias, muito mais comuns do que se imagina, precisa combater esse medo, levantar-se e se dispor a enfrentar seu público, já na próxima oportunidade que tiver.

Corrigindo velhos pensamentos

"Oh, meu Deus! Jamais poderia fazer isso!"

Neste exato momento, você deve estar pensando: "É fácil me dizer para levantar e falar, mas me sinto apavorada só de pensar nisso. Tenho muita dificuldade em abrir a boca. Nunca serei capaz de me levantar e tomar coragem para dizer o que quero. Não tem jeito". Correção: Sim, você pode fazer isso. A verdade é que falar em pé dá maior segurança e poder. Experimente levantar-se para fazer uma apresentação nas situações em que essa atitude for adequada. Você vai ver a diferença.

Abaixo, você encontrará oito técnicas simples que vão ajudá-la a melhorar a postura e a superar o medo de ficar em pé ao falar:

1. Organize seus pensamentos em dois ou três pontos antes de começar. Essa pequena estratégia evitará que você tenha "um branco" na hora de falar. Não comece sua apresentação até que esteja completamente posicionada.
2. Apóie firmemente os dois pés no chão para não perder o equilíbrio. Se, ao levantar-se, você tropeçar ou esbarrar em algum móvel, apenas ria e faça um comentário breve sobre o ocorrido, afinal, você é humana e, às vezes, tropeça, não? Em seguida, concentre-se em seus pontos.
3. Respire fundo antes de pronunciar a primeira palavra.
4. Não cruze os braços sobre o peito, num gesto de proteção; mantenha as mãos relaxadas ao lado do corpo e use-as livremente para enfatizar sua fala. Levante o peito e mantenha a cabeça erguida. Sinta-se à vontade para se movimentar um pouco de modo natural.

5. Fale usando o diafragma mais do que a garganta; isso lhe dará firmeza. Você sentirá e ouvirá sua voz ressoar do fundo do peito. Fale devagar.
6. Não se sente até que tenha terminado de falar. Espere para ouvir ou responder a eventuais perguntas.
7. Respire normalmente. Muitas vezes, quando estamos nervosas ou com medo, seguramos a respiração. Observe sua respiração. Respirar é bom.
8. Mantenha a calma se as pessoas começarem a fazer perguntas. Lembre-se de que você sempre pode dar uma informação adequada, mesmo quando não souber a resposta: "Boa pergunta. Eu não tenho como responder agora, mas verei o que posso levantar a esse respeito e comunicarei mais tarde".

Use o corpo para sustentar uma atitude confiante. Relaxe, mas mantenha as costas retas e a cabeça erguida. Uma certa majestade e dignidade devem acompanhar essa postura. A posição ereta favorece uma comunicação mais clara e eficiente. A imagem de uma profissional firme sobre os pés, corpo ereto, olhando com calma para o seu público e usando uma voz nítida claramente comunica: "Olhem para mim. Ouçam-me. Tenho algo importante a falar e sei muito bem o que estou fazendo".

Uma dica extra: quando estiver ao telefone com um cliente, seu chefe ou colegas, levante-se. Ande, mova-se durante a ligação. Essa estratégia muda a forma como se projeta para os outros, mesmo quando eles não podem vê-la.

Fale alto e claro

Algumas mulheres falam naturalmente num tom de voz que se aproxima de um sussurro. Usam pouco ar para falar, por isso sua voz é fraca e baixa. Se uma mulher não fala alto o bastante para ser ouvida, é como se ela dissesse a todos que ouvi-la não é importante.

Outras mulheres têm uma voz alta e um tanto estridente. Os melhores exemplos são as mais jovens, de vinte e de trinta anos, que têm o hábito de dizer: "Obrigadinha!", em vez de "Obrigada!", pronunciando com uma voz de soprano um tanto melada. Um tom estridente indica serem menininhas que ainda não cresceram completamente.

Eduque-se para não falar num tom fraco, baixo, tímido, aprendendo a usar o diafragma. Preste atenção no modo como sua voz ressoa em seu peito. Uma respiração constante lhe dará o ar necessário para manter um fluxo forte de palavras, de modo que, ao falar, você realmente sinta as vibrações em seu peito.

Pesquisas mostram que quando as mulheres usam um tom agudo para falar em reuniões, outros tomarão suas idéias. Mulheres com voz estridente podem falar clara e articuladamente, mas suas opiniões parecem não ser consideradas. Contudo, quando homens e até mulheres usam um tom grave ao se comunicar, suas idéias são bem-aceitas e respeitadas. A conclusão é simples: as pessoas prestam mais atenção em vozes mais graves.

Como seria se Marilyn Monroe narrasse a invasão do Iraque? Uma mudança no tom de voz eleva a sensação de competência de uma mulher. Por sua vez, uma mulher mais confiante de sua capacidade recebe um *feedback* mais positivo de seus ouvintes.

Não se desculpe

Os homens são educados para se desculpar por suas fraquezas, as mulheres, por suas forças.

Lois Wyse, executiva de publicidade, autora de *A Woman's Journal* [*O Diário de uma Mulher*], publicado pela Running Press em 1986.

Pense nas diferentes maneiras que você normalmente usa para se desculpar por ser uma pessoa completa. Assinale os comportamentos relacionados a seguir com os quais você se identifica:

- Você inicia qualquer frase com uma justificativa: "Posso estar fora do contexto, mas me parece que...".
- Minimiza os próprios talentos e realizações para não parecer pretensiosa ou arrogante: "Não sou especialista no assunto, mas...".
- Faz pouco de sua competência, rindo de si mesma sempre que diz algo sério.
- Em reuniões, hesita em levantar-se para falar. Sente-se mais protegida da atenção dos outros se permanecer em sua cadeira.
- Sente necessidade de se explicar ou de se defender ao discutir seus honorários ou um contrato com seus clientes.
- Sua reação diante de um ataque é: "Oh, provavelmente você tenha razão. Vamos esquecer tudo isso".
- Quando discute um assunto ou fala sobre seus negócios, prefere falar rápido ou abreviar o que pretendia dizer para não tomar muito tempo.
- Releva a ausência de um cliente que não cancelou com antecedência o compromisso com você e não cobra pela hora perdida.
- Demora em pedir um aumento de salário.
- Não solicita à sua empresa ou a um cliente o reembolso de despesas feitas no exercício profissional. Ou, quando o faz, justifica obsessivamente as suas razões para tê-las feito.
- Sempre que faz alguma coisa boa para si mesma ou cuida de suas necessidades básicas, sente necessidade de se justificar: "Trabalho setenta horas por semana, por isso posso folgar na sexta-feira para ir ao casamento de minha irmã".

Se está surpresa com a quantidade de itens que você assinalou, temos muito o que fazer, mas não se preocupe. Muito em breve, terá eliminado essas desculpas e justificativas do seu repertório.

Estratégias para parar de se desculpar

Desculpar-se não é apenas uma das muitas maneiras que usamos para limitar nossa vida profissional, é também a mais prejudicial e traiçoeira dessas manifestações. Para combater o impulso de dizer "me desculpe" em situações profissionais, desenvolva a mentalidade "Chega de Desculpas!". Essa estratégia consiste de duas fases:

FASE UM: CONTABILIZE SUAS DESCULPAS

Durante uma semana, preste atenção ao número de vezes em que se pega pedindo desculpas por alguma coisa. Tanto pode ser uma desculpa explícita, quanto o modo como você diz uma frase ou até o fato de não dizer nada quando deveria dizer alguma coisa. Toda vez que se observar num comportamento desses, registre-o em seu Diário da Ambição. No final da semana, contabilize o resultado. Poderá ficar espantada ao perceber quantas vezes se coloca na posição submissa de uma constante arrependida.

FASE DOIS: NÃO SE DESCULPE POR NADA

Na semana seguinte, não se desculpe por nada, direta ou indiretamente. Por exemplo, não diga para um cliente: "Só posso me dedicar ao seu projeto na semana que vem, pois você ainda não me forneceu todas as informações. Sinto muito. Detesto desapontá-lo". Ou: "Entendo que o trânsito o fez faltar ao nosso compromisso... parece que isso sempre acontece com você... desculpe-me, mas dessa vez terei de cobrar a hora".

Prefira dizer: "Bem, está claro que precisarei de uma semana a mais para terminar o seu projeto a fim de compensar o seu atraso na entrega das informações que solicitei". Ou, não explique por que você deve cobrar alguém por uma consulta perdida; apenas inclua na conta. Se o cliente questionar a cobrança, diga: "Como sabe, a tolerância é de uma falta por semana. Todas as demais são cobradas".

Pratique esse novo hábito até matar o vírus da desculpa. Entretanto, se perceber que um erro seu resultar em conseqüências adversas para outra pessoa, simplesmente corrija o engano sem pedir desculpas. Não diga "Sinto muito", exceto quando esbarrar em alguém por acidente. Não estou dizendo para ser uma mulher sem coração; apenas não se desculpe pelo modo como faz o seu trabalho. Ao final da semana, poderá descobrir que todas aquelas desculpas e justificativas são totalmente inúteis; elas nunca resolveram qualquer problema para você nem serviram a nenhum propósito em particular.

Use a dúvida interior como motivação

Às vezes, homens e mulheres perdem a autoconfiança. Porém, a incerteza na vida profissional é mais difícil para elas. Passamos a vida inteira acreditando, explícita ou implicitamente, que não somos tão boas quanto os homens. A incorporação dessa crença cria barreiras interiores que continuam a nos derrubar, mesmo quando outros obstáculos externos já foram ultrapassados.

Entretanto, podemos usar como motivação esse medo de sermos taxadas de inseguras ou incompetentes. Na verdade, o medo lhe dá forças para se manter na luta, porque você não vai querer ser pega desprevenida. A escolha é sua: você pode ficar paralisada pela dúvida e pelo medo ou pode fazer desses sentimentos uma vantagem. Em geral, as mulheres tendem à primeira opção. Contudo, eis algumas dicas para virar a mesa:

1. Olhe-se no espelho agora. Diga em voz alta: "Sou uma mulher ambiciosa e tenho orgulho disso!". Você é capaz de dizer isso com segurança. Sem sentir-se tola. Diga-o e sinta-se orgulhosa.
2. Expresse sua ambição. Reafirme seus sonhos e objetivos.

3. Defina primeiro ou o menor ou o mais acessível passo que pode dar para realizar a sua ambição e tome-o hoje.
4. Diga a você mesma que está à altura de seus objetivos. Repita olhando-se no espelho.
5. Aprenda a ter mais objetividade em relação a suas conquistas, seu conhecimento e sua ambição, fazendo o seguinte: olhe para suas qualificações, talentos, experiências e realizações como se pertencessem a outra pessoa. Agora, o que acha do seu currículo? Experimente digitar um outro nome em seu currículo e, depois, releia-o. Está impressionada? Isso calará a voz crítica dentro de você?

Em vez de se preocupar com o fantasma da insegurança que vem para assombrá-la, concentre-se em seus dons e virtudes.

Adote a atitude: Tome todo o tempo que precisar, mesmo se tiver apenas três minutos

Certa vez, compareci a uma cerimônia, organizada pela Secretaria Nacional de Pequenas Empresas do governo norte-americano e pela Associação Nacional de Mulheres Empresárias, para receber um prêmio diante de um público de mil pessoas. Fui informada de que teria três minutos para fazer meu discurso de agradecimento, e deveria ser inspirador.

Observei que o público conversava muito e mal prestava atenção aos discursos que precediam o meu. Comecei a suar frio. Então, sussurrei ao meu irmão Alan, que me acompanhava: "Já que ninguém está ouvindo nada, vou apenas agradecer e me retirar rapidamente". Porém, ele me disse: "Não. Essa é a sua hora de brilhar e de dar a sua mensagem. Você ganhou esse prêmio. Diga tudo o que preparou para dizer. Use todo o tempo de que precisar".

Subi ao palco com o que Alan me dissera em mente. Quando comecei a falar, algo incrível aconteceu: toda a sala fez silêncio. Acho que teria me limitado aos três minutos se não tivesse sido interrompida duas vezes pelos aplausos da platéia – não para mim, mas para a minha mensagem: por que e como as mulheres deveriam ser mais ambiciosas e por que e como deveriam lutar por seu valor como profissionais. Sempre lembro daquela noite como uma lição, como um momento em que tomei todo o tempo de que precisava e, assim, pude transmitir uma mensagem inspiradora para as mulheres ambiciosas. Ainda bem que não cedi ao medo de me exceder nem de me sentir envergonhada ou ignorada pelo público. Ainda bem que não perdi a oportunidade de inspirar e motivar todas aquelas mulheres.

Como vimos, nossa dúvida interior pode ser usada como uma ferramenta poderosa em nossa carreira. A incerteza transforma-se em poder. Sinta, dentro de si, seu próprio poder profissional, que está apenas à espera de ser libertado. Ele vem da sua paixão pelo trabalho, do seu suor e da sua energia, das suas realizações, da sua integridade e do respeito por você; vem também da sua força em acreditar que tem o direito a ganhar o que, de fato, merece. Esse poder irradia e alimenta sua capacidade de realizar o seu potencial. Acredite nisso. Ouse e seja uma mulher ambiciosa. Ouse agora.

Parte III

Você tem apenas uma única e preciosa vida – ouse ser grande

Catorze

Mulher ambiciosa para sempre

Seu trabalho é descobrir qual é o seu trabalho e, depois, dedicar-se a ele com todo o coração.

Buda

Cada mulher ambiciosa tem uma única contribuição a fazer. O desafio para manter sua ambição por toda a vida é ter a coragem de permanecer firme no seu caminho. Na verdade, um duplo desafio: primeiro, proteger sua paixão, verificando periodicamente, em seu íntimo, se ainda segue na direção que deseja. Em segundo lugar, perguntar-se se realmente concretiza as contribuições de que é capaz. Lembre-se: o mundo merece beneficiar-se delas.

Então, precisamos manter uma conexão consciente entre o nosso potencial mais íntimo e as nossas realizações por meio de um plano estratégico que será o guia para a mulher ambiciosa checar os passos do seu caminho. Esse plano deve ser continuamente aperfeiçoado e redimensionado de acordo com o nosso desejo de mudar, à medida que a nossa ambição se transforma.

Proteja sua paixão

Você pode proteger a sua paixão e seguir suas aspirações de várias maneiras. Seus únicos limites são o tamanho de sua imaginação e a força da sua ambição. Ah, claro, não podemos esquecer da autoconfiança. Acima de tudo, lembre-se de que para uma mulher como você o céu é o limite.

Proteja a sua paixão procurando manter a inspiração viva na sua carreira. Você deve aprender continuamente a identificar o que realmente a inspira, porque é isso que pode aprofundar suas opções ou mudar o seu rumo. Lembre-se de que é absolutamente normal uma profissional mudar de emprego, área e direção de cinco a sete vezes ao longo de sua carreira.

Mantenha a conexão para saber se continua no seu caminho. Manter o seu caminho significa que você ama o seu trabalho, trabalho esse que lhe dá cada vez mais poder, reconhecimento e dinheiro e que, por sua vez, alimenta a sua determinação de buscar desafios novos e gratificantes. Verifique o seu caminho a cada três meses e ao final de cada ano, avaliando seus objetivos, seus progressos, obstáculos e oportunidades. Avalie se está onde deseja estar.

Responda as questões que seguem para saber onde você está em sua carreira e em sua ambição. Use este exercício toda vez que precisar avaliar o seu caminho. Registre as suas observações em seu Diário da Ambição para comparar os seus avanços. Seja honesta.

1. De que modo você está satisfeita com sua carreira, sua renda, seu nível de desafios atual e as oportunidades futuras para se desenvolver?
2. Quais são seus objetivos profissionais de curto, médio e longo prazo? Relacione pelo menos cinco deles.
3. De que formas você está avançando? Relacione cinco delas.
4. De que formas está estagnada ou indefinida? Relacione cinco delas.
5. Como mantém suas ambições vivas? Relacione cinco modos.

6. De que formas negligenciou sua carreira? Relacione cinco.
7. O que significa para você – neste momento – ser uma mulher ambiciosa? Relacione sete qualidades. Assinale com um asterisco as qualidades com as quais se sente feliz. Assinale com um X aquelas em que você precisa melhorar.

Retome e concentre-se para manter viva a sua determinação

Aprender a retomar regularmente a sua ambição e a concentrar sua atenção em suas paixões profissionais vai mantê-la determinada no seu caminho. Vai ajudá-la a não perder seus objetivos de vista. Mantenha-os vivos em seu coração e em sua mente, acima e além de todos os acontecimentos cotidianos.

Lembre-se de que proteger a sua paixão não significa alcançar o topo nem permanecer lá se você decidir mudar de rumo. Muitas profissionais bem-sucedidas resolveram, conscientes de si mesmas, que o topo da hierarquia era precisamente onde elas não queriam estar. Christine Comaford-Lynch teve várias oportunidades de ouro em sua vida profissional. Ela criou e vendeu cinco empresas. Trabalhou como consultora durante mais de vinte anos para a Microsoft, Apple, Oracle, Symantec e muitas outras grandes empresas de tecnologia, além de ter sido conselheira nos governos de Clinton e de Bush. Recentemente, Christine sentiu que já estava satisfeita com as suas realizações até aquele momento e, mais uma vez, decidiu procurar outras oportunidades que pudessem inspirar e motivar sua carreira:

> Não sou como a Oprah ou outros magnatas dos negócios. Sou uma pessoa comum, um tanto louca e que teve experiências extraordinárias. Com 17 anos, senti a necessidade de mudar minha vida. Fugi para trabalhar em Nova York; vivi a boa vida e me senti vazia. Tornei-me monja budista. Aos 24, percebi que era hora de parar de transcender a condição humana. Mergulhar fundo em minha humanidade e ainda manter

> a espiritualidade passaram a ser o meu caminho. Assim, quebrei meus votos, comi um hambúrguer, arranjei um namorado e, em poucos anos, comecei a desenvolver empresas. Aos 28, decidi ficar milionária. Doze anos mais tarde, aos 40, aposentei-me com uma fortuna de mais de 10 milhões de dólares (sem ter sequer o diploma do segundo grau), dos quais 3 milhões de dólares doei para organizações sem fins lucrativos. Nesse percurso, prestei consultoria para setecentas entre as mil maiores empresas americanas indicadas pela revista *Fortune* e para mais de cem pequenos negócios; criei mais de cinco mil empregos, aprovei uma lei no Congresso Americano, encontrei o homem dos meus sonhos e me casei. Não segui um caminho linear nem a mesma direção todo o tempo. Encontrei muitos desvios e becos sem saída, tentando ser gueixa, sofrendo de câncer e quebrando a cara nos negócios e no amor.

Hoje, Christine prepara seu primeiro livro. Ela pode, em suas palavras, "focar a atenção unicamente em perseguir minha ambição e minha paixão profissional na forma que melhor se encaixar em minha vida".

A paixão profissional muda, diminui, cresce. Passar por períodos em que estamos menos inspiradas é normal. O que você pode fazer diante disso? Duas coisas:

1. Descobrir as razões de sua frustração.
2. Identificar precisamente o que sempre quis fazer em sua vida profissional, suas verdadeiras paixões.

Considere os seguintes exemplos.

Beth era uma decoradora que trabalhava para clientes ricos. Usando todos os parâmetros, ela era uma profissional bem-sucedida. Porém, um dia, percebeu que não se sentia plenamente realizada com seu trabalho, o que foi difícil de entender, já que usava seus talentos artísticos. Ao longo de nossas sessões de orientação profissional, ela descobriu que sua verdadeira paixão era a pintura, coisa que tinha medo de reconhecer, pois sabia que pintar jamais lhe daria o mesmo dinheiro recebido como decoradora.

Então, elaboramos um plano a fim de liberar espaço, tempo e energia para que Beth pudesse retomar sua paixão pela pintura enquanto mantinha a atividade de decoradora para pagar as suas contas. Também definimos estratégias para o desenvolvimento de novos negócios, incluindo *marketing* e relações públicas.

Além da pintura, ela também descobriu que amava escrever. Então, escreveu e ilustrou uma obra de ficção bastante original e procurou um agente literário. Nada disso teria sido possível se Beth não tivesse identificado sua paixão verdadeira e se disposto a persegui-la com todo o coração.

Algumas vezes, as mulheres ambiciosas fazem mudanças radicais em sua carreira. Eliana tinha 29 anos quando decidiu fazer um balanço geral de sua vida profissional. Ela teve coragem de abandonar um doutorado em física para buscar o sonho de se tornar uma advogada especializada em patentes e propriedade intelectual. Matriculou-se numa excelente escola de direito e hoje trabalha para um importante escritório de advocacia. Recentemente, ela disse: "Simplesmente adoro o meu trabalho. Sinto-me inspirada e motivada todos os dias. Finalmente, encontrei o que fazer com minha ambição e meus talentos".

Viva a experiência de um período sabático

Muitas mulheres protegem sua ambição tirando uma licença sabática periodicamente. Não estou me referindo a tratamentos em *spas* ou qualquer coisa assim – não que haja algo errado nisso! Estou me referindo a um período de afastamento da rotina diária, para você refletir sobre o futuro de sua vida profissional. As mulheres ambiciosas costumam ser muito ocupadas. Todos os dias, elas têm que se dividir entre dezenas de obrigações no escritório e em casa. Para refletir e se reconectar com seus desejos e sonhos mais íntimos, precisam de um período de solidão e total tranqüilidade.

Procure programar uma licença sabática a cada três meses, no mínimo. Sim, sim, eu sei: possivelmente, você não pode fazer isso. Entenda: estou falando de um retiro de um dia, um fim de semana; uma semana inteira seria ainda melhor. Por exemplo, hospede-se em um hotel por um dia num local afastado, recluso. Sem telefones, sem TV, sem e-mail. É um tempo de total dedicação e de reflexão em torno das suas ambições.

Inúmeras mulheres descobriram que essa é uma das maneiras mais poderosas de romper com uma situação estagnada ou incerta. É o momento e o lugar para usar plenamente sua inteligência e imaginação. É impossível pensar em suas paixões e aspirações quando seus clientes querem lhe falar, ou seu chefe quer o projeto no prazo, ou seus filhos e marido querem jantar etc.

Retome o seu Diário da Ambição. Avalie as seguintes questões durante o seu período:

- Em quais empresas você adoraria trabalhar?
- Qual é o emprego dos seus sonhos, mesmo se for o mais fantasioso?
- Quais responsabilidades e atribuições você gostaria de ter em um novo cargo?
- Gostaria de ser uma consultora que atende individualmente seus clientes ou prefere a agitação de uma equipe?
- Quer se dedicar à pesquisa, escrever ou ensinar? Se pensa em ser professora, gostaria de trabalhar com crianças, adultos ou prefere o treinamento profissional?
- Quais carreiras ou profissões chamam a sua atenção quando lê sobre elas?
- Como é a carreira ou a profissão dos seus sonhos? Descreva em detalhes. Pense grande. Sem autocensura.

Inicialmente, metade das minhas clientes rejeita a idéia. "Não tenho ninguém com quem deixar meus filhos". "Não posso me ausentar do escritório; eles precisam de mim". "Eu me sentiria culpada – e o meu marido?". Se, como elas, você tem medo de se ausentar, retire-se por apenas uma noite em seu primeiro período sabático. Leve canetas e muito papel; espalhe-os por toda a parte: quarto, sala, banheiro e até no carro. Não esqueça de um pequeno caderno para levar a uma caminhada. Você terá uma enxurrada de idéias durante o seu período sabático e deve anotar todas elas. Se preferir, use o laptop, mas não verifique e-mails. Leve também livros e revistas que possam estimular a sua mente e imaginação ou o material acumulado dos últimos meses. Siga uma rotina simples: comer, dormir, caminhar e escrever tudo o que vem à mente sobre sua carreira, objetivos, avanços e retrocessos. Esse período pode ser incrivelmente produtivo no que se refere a novas idéias e estratégias.

Experimente. Viva a experiência de um período sabático. Você retornará completamente revigorada e com a paixão renovada, seja em relação ao seu trabalho atual, seja na preparação de mudanças em seu caminho.

Você não precisa decidir hoje

Anos atrás, conheci uma mulher que fazia terapia de grupo. Era famosa entre os colegas por sempre prometer coisas e nunca cumprir a palavra. Um dia, o coordenador do grupo lhe deu uma tarefa nada fácil. Durante uma semana, ela deveria dizer *não* toda vez que quisesse dizer *sim* e deveria dizer *sim* toda vez que quisesse dizer *não*. Sem exceções. Todo o grupo esperou que ela retornasse na semana seguinte contando como a tarefa havia sido difícil. De fato, foi assim. Porém, acrescentando algo interessante. Ela contou que, após cinco dias, percebeu que ela já fazia aquilo o tempo todo, de qualquer jeito: dizer *sim* quando queria dizer *não*, e vice-versa. A única diferença é que, agora, ela estava fazendo de forma consciente. Aprenda você também a dizer *não* quando for preciso e a reservar tempo para perseguir seus verdadeiros objetivos.

Muitas escolhas que fazemos têm desdobramentos e conseqüências de longo alcance, por isso, não tome decisões precipitadas. Não se deixe pressionar por pessoas que querem uma decisão rápida, dizendo-lhes: "Conversaremos novamente sobre o assunto quando eu tiver examinado todos os seus aspectos e informações". Se você for o tipo de pessoa que sempre diz sim, terá que apelar para o autocontrole: "Vou pensar sobre o assunto", em vez de dar uma resposta imediata. "Vou pensar sobre o assunto" lhe dará tempo suficiente para refletir sobre o que realmente quer e, só então, tomar uma decisão, e não uma decisão para agradar os outros. Desse modo, não precisará faltar com sua palavra mais tarde.

Antes de tomar importantes decisões, converse com seus consultores, e não com seus amigos e parentes (embora eles sejam bem-intencionados). Além disso, examine bem todas as suas opções. O que de pior pode acontecer caso você mude o rumo do seu caminho? O que de melhor pode acontecer? Verifique em seu íntimo como se sente em relação a assumir certos compromissos, como reservar dinheiro para aperfeiçoamento profissional ou deixar uma empresa que tem sido boa para você.

Quando se sentir confusa ou cansada, não aja. Concentre-se em preparar as bases para os próximos passos de sua carreira. Acredite, não será um desperdício de tempo. Será apenas um tempo de espera até a hora certa de agir. Essa preparação lhe trará paz de espírito e ajudará a evitar um ataque de pânico que as decisões impensadas acabam provocando. Uma das minhas clientes, uma executiva de 39 anos, com dois filhos pequenos, contou-me como conciliou sua ambição com outras coisas importantes em sua vida, mantendo seus objetivos bem vivos em sua mente:

> Sempre disse a mim mesma que faria tudo o que eu quisesse mais tarde, e assim espero. Não é que eu jamais faça as coisas que me agradam; apenas não estou fazendo tudo ao mesmo tempo. Não tenho nenhuma dúvida, atingirei todos os meus objetivos, cedo ou tarde. Assim, tenho uma calma certeza sobre tudo isso. É uma questão de tempo. Saberei quando esse tempo chegar e quando estarei pronta para fazer dos meus objetivos uma prioridade em minha vida. No futuro, irei com certeza trabalhar em grandes consultorias, mas agora

estou em compasso de espera. Em algum momento, contudo, será a hora de agir.

Adote este mantra e repita-o regularmente:

VOCÊ NÃO PRECISA DECIDIR HOJE.
E NÃO PRECISA FAZER NADA, CASO NÃO QUEIRA.

Você não deve tomar decisões profissionais importantes quando está muito vulnerável, confusa ou estressada. Não aja impulsivamente nem sob a pressão do ambiente ou de outras pessoas. Por exemplo, não tome a decisão de deixar o seu emprego para cuidar de seu bebê recém-nascido, só porque sua irmã fez exatamente isso e sua mãe acha que é o melhor para sua família. A fim de não cometer um erro, faça sua escolha quando estiver com a mente clara. Não se deixe abater ou influenciar pelas preocupações. Não tome decisões depois de uma noite sem dormir. Para manter a mente clara e tomar boas decisões, é preciso se sentir bem e descansada, por isso, durma bem; se for necessário, durma muito.

Lembre-se da sua competência e use o seu valor no mercado

Muitas mulheres ambiciosas estão estagnadas em seus empregos porque não reconhecem o seu valor e não vêem quantas opções podem ter justamente devido a ele. Elas perderam o seu excelente currículo de vista; estão cegas. Não conseguem ver outras possibilidades que a competência profissional delas pode lhes oferecer.

Para se lembrar do seu valor no mercado, faça este simples exercício: pegue o seu currículo e veja a experiência e o conhecimento que você já acumulou. Em seu Diário da Ambição, registre tudo o que fez e o que aprendeu no seu emprego. Então, atualize o seu currículo. Aposto que há anos você não o atualizava nem usava para melhorar a sua auto-imagem. Inclua suas mais recentes conquistas para a empresa, prêmios que recebeu – provas da sua competência profissional. Lembre-se também de manter seu Portfólio de Ouro em dia.

Conheço mulheres que quase não se reconheceram em suas anotações, após completarem esse exercício. Uma delas, depois de coletar todas as suas realizações e registrá-las no papel, exclamou maravilhada: "Até parece que não sou eu". Agora, ela é uma observadora perspicaz de suas próprias realizações profissionais, o que a ajuda a ver como elas são realmente impressionantes. Esse olhar renovado sobre a sua carreira também a ajudou a pensar em novas direções e caminhos que ela não havia considerado antes. Como ela, muitas pessoas despertam para a realidade e compreendem, então, que o seu valor no mercado é mais alto do que pensavam.

Pense em sua carreira do mesmo modo como olharia para uma carteira de ações: a melhor projeção do comportamento futuro de um investimento é o seu comportamento passado. Todas as suas realizações até hoje são um indicador das suas possibilidades futuras. O simples ato de atualizar seu currículo instantaneamente vai motivá-la a procurar uma nova oportunidade, porque viu que está pronta para isso.

Assim que der o primeiro passo nessa direção, você pode descobrir que um *feedback* positivo pode levá-la ainda mais longe. Elaine, editora de 35 anos, descobriu isso:

> Eu estava realmente satisfeita em meu emprego, e não procurava uma nova colocação há muito tempo. Sou daquelas pessoas cuja ética é a seguinte: se a empresa faz tudo certo para você, então deve permanecer nela. Contudo, atingi um ponto em que realmente queria mudar. Fiz algumas ligações e, então, mandei meu currículo para uma empresa. Tive um retorno tão positivo, que me surpreendeu. Fiquei tão tocada, e pensei: "Oh, meu Deus! Eu sou boa, eu tenho valor!".

As mulheres tendem a subestimar não apenas a própria competência, mas também o reconhecimento que outras pessoas têm de seu valor. Contudo, podemos aprender a acreditar em nosso potencial e a admitir o nosso sucesso como resultado de nosso talento, trabalho duro e determinação. Devemos dizer: "Tenho sucesso porque fiz acontecer".

Descubra que você tem muito com o que contribuir

A ambição é uma coisa boa. Qual é o oposto disso? Não ter qualquer propósito? Nenhuma consciência social? Não podemos achar que as coisas serão sempre as mesmas. Não podemos achar que a sociedade progressista em que vivemos será sempre a mesma. Penso que todos nós temos um dever maior que vai além do imaginado, seja você um grande empresário responsável – o que é muito bom, porque cria empregos, respeita e melhora a vida da comunidade em que opera –, seja um cidadão que participa da vida pública ou do governo. Se você é uma mulher que tem três empregos e luta para criar seus filhos sozinha, está fazendo o melhor que pode; está lutando para sobreviver. Porém, quando tem dinheiro, uma boa educação e uma base para realizar mudanças, acho que você tem uma responsabilidade maior de contribuir, de provocar impacto. Omitir-se quando você tem talento e recursos é uma injustiça.

BELINDA STRONACH, líder do Partido Liberal do Canadá e presidente da Assembléia Nacional de Mulheres; ex-presidente e CEO da Magna International Inc.; eleita em 2004 uma das cem pessoas mais influentes do mundo pela revista *Time*.

A mulher que tem ambição em seu coração define-se pelas contribuições que faz. Muitas mulheres ambiciosas acreditam que liderar e inspirar outras pessoas é também uma forma de retribuição. Lutar por nossos objetivos não significa um ato de egoísmo ou ganância, como se entendia a ambição tempos atrás. Hoje, é uma oportunidade de darmos a nossa retribuição à sociedade. Assim, você pode dormir em paz à noite, sabendo que está contribuindo não somente com você, mas, ao mesmo tempo, deixando o mundo se beneficiar de suas valiosas contribuições.

Quinze

A integração da ambição

É o desequilíbrio, não o equilíbrio, que faz uma vida completa

Cada mulher é diferente; não é toda mulher que tem o potencial, o desejo ou a ambição de fazer todas as coisas. Porém, acho que as mulheres devem sentir que elas podem fazer qualquer coisa, e isso é apenas questão de prioridade. Você sabe, vivem dizendo que as mulheres não podem fazer tudo o que querem. É preciso sempre abrir mão de alguma coisa. Mas isso não é verdade. Você precisa apenas ampliar a sua visão ou mudar a forma como faz as coisas para conseguir fazer tudo o que deseja. Acredito que você pode ter tudo, e eu certamente estou tentando.

Judy Johnson, 43 anos, vice-presidente executiva e diretora administrativa na região oeste da GolinHarris, Los Angeles.

Imagine-se no final de sua vida. Ao olhar para trás, o que gostaria de ver? Algo como, sim, consegui equilibrar perfeitamente a minha vida. Sim, por isso, perdi algumas grandes oportunidades. Poderia ter sido uma lutadora, mas perdi a chance de deixar a minha marca no mundo, porque preferi equilibrar trabalho e família. Mas, tudo bem para mim. Ótimo, você equilibrou sua vida, seu tempo, mas equilibrou as suas necessidades? Se você tem a necessidade de dar a sua contribuição genuína ao mundo mas prefere passar mais tempo em casa, poderá não concretizá-la; e isso não é equilíbrio, é sacrifício. Algumas almas têm uma grandeza que precisa de tempo, energia e dinheiro para efetivar o seu potencial. Se você é uma dessas almas e cede às pressões sociais abrindo mão de uma parte importante do seu potencial, você é o que chamo de assassina de alma.

A idéia de que devemos fazer do equilíbrio de nossa vida uma prioridade máxima é bobagem. O equilíbrio é uma bobagem.

Se você quiser abandonar o velho mito do equilíbrio entre trabalho/vida e libertar-se de sua tirania, terá de construir um novo paradigma. O modelo antigo lhe propõe uma solução semelhante ao do rei Salomão: uma criança a ser dividida em duas. O que há de bom em dividir-se em duas? Para ser ambiciosa, não é preciso escolher o trabalho em vez de uma vida ao lado da família, dos amigos e de outros interesses. Não é preciso dividir sua dedicação e afeto entre ser uma boa executiva ou ser uma boa amante, parceira, amiga ou mãe.

Parece ótimo: é o que você provavelmente está pensando neste momento. Porém, a questão é: como chegar lá? Se o modelo de equilíbrio entre trabalho/vida é realmente um paradigma equivocado e irrealizável, como identificar e implementar uma solução mais feliz, de modo que a minha ambição se torne um componente necessário e indispensável de uma vida plenamente satisfatória? Como integrar minha ambição com as outras prioridades da minha vida, sentindo-me bem no trabalho e em casa?

Um novo paradigma para as mulheres ambiciosas

Nosso novo modelo integra todos os aspectos da vida em um todo único e orgânico. A seguir, você encontrará algumas orientações para manter uma vida ambiciosa plena e feliz, em vez de uma vida equilibrada e cheia de frustrações.

Procure o melhor para você, planeje-se

O que é possível realizar em sua vida é uma questão muito pessoal. Cada mulher ambiciosa tem suas próprias responsabilidades, preocupações, escolhas, seus recursos, sua organização, estrutura, agenda e seu estilo. O que funciona para uma pessoa pode ser impensável para outra. Cada mulher deve avaliar a própria vida e ouvir os seus instintos ao tomar decisões em relação ao tempo, energia e atenção. Você é a única pessoa capaz de decidir o que fazer da sua vida.

Muitos gurus lhe dirão que uma única regra pode ser aplicada a todas elas, mas eles estão errados. Procure o melhor para você, pois você vive cada situação de um modo particular e é você quem precisa fazer tudo dar certo em sua vida.

Além disso, as decisões que são apropriadas em um determinado período ou fase da vida podem não funcionar em outros momentos. A mulher de hoje passa por muitas situações diferentes. Num ano, ela está fazendo um curso noturno, no outro, tem um filho e, no seguinte, um novo emprego que a obrigará a trabalhar nos finais de semana. A cada momento, ela deve enfrentar responsabilidades e preocupações diferentes. Sem falar nos acontecimentos totalmente imprevisíveis que acontecem em nossa vida. Doença em família, amigos em dificuldades, a falência de sua empresa. É preciso continuar a procurar o melhor, pois a vida sempre pode mudar.

Se você ainda pensa que uma única regra pode ser aplicada a todas as pessoas, considere as seguintes situações:

- Uma mulher gasta duas horas em seu trajeto diário entre casa e trabalho, outra trabalha em seu escritório em casa e uma outra ainda viaja três vezes por semana. Como elas devem organizar seu tempo de lazer?

- Uma mulher pode deixar seu filho na creche do escritório, enquanto outra precisa torrar mais de um quarto do salário para pagar uma babá. Qual delas deve gastar seu tão suado bônus de fim de ano com seus filhos e não em benefício próprio?
- Uma profissional liberal acaba de se recuperar de um câncer. Outra tem predisposição hereditária para sofrer de esclerose múltipla. Ambas têm dois filhos. Elas devem mudar de atividade para ter uma melhor cobertura de saúde, mesmo satisfeitas com seu trabalho?

Essas são apenas algumas das escolhas difíceis que as mulheres precisam fazer. Para tornar sua vida mais fácil, crie um esquema flexível que funcione melhor do que a idéia ultrapassada de equilibrar trabalho e vida. Seja a autora de suas próprias regras e estabeleça o equilíbrio certo para a sua vida. Veja a seguir algumas estratégias que a ajudarão a elaborar um plano próprio para a sua vida, respeitando a sua sensibilidade.

O desequilíbrio é normal

Eis a mais pura verdade, que ninguém nos conta: no mundo do trabalho, não se deve esperar uma rotina de constante tranqüilidade e estabilidade. Ao contrário, precisamos aceitar que as coisas não serão sempre iguais o tempo todo. Em algum momento, elas tendem a ficar desiguais e desordenadas – é normal. Lesley Alderman, editora de revistas, autora e mãe de uma criança pequena e de um enteado já adolescente, conta como foi a sua busca por um modelo de vida melhor:

> Por exemplo, esta semana, terei de trabalhar durante algumas noites, mas preferiria estar em casa com meu filho, pois não o vejo durante todo o dia e sei que ele fica aborrecido quando trabalho até mais tarde.

Porém, sabe de uma coisa? Trabalhar duas noites de vez em quando não faz mal algum. Assim, apenas tive de me convencer dizendo: "Tudo bem, é assim que esta semana vai ser: uma semana desequilibrada".

Em alguns dias, você se sentirá assim: "Droga! Estou trabalhando demais". Esse sentimento pode ser muito frustrante, até que você diga: "Sabe, as coisas estão sempre fora de equilíbrio". Assim que entender isso – tão logo entenda que um pouco de caos na vida é normal – você estará pronta para aceitar a vida como ela é. E aqui temos uma ironia: assim que começamos a esperar e a aceitar o desequilíbrio, paradoxalmente, somos conduzidas para períodos – adivinhe do quê? – de equilíbrio.

O DESEQUILÍBRIO É NORMAL;
O EQUILÍBRIO NÃO É NORMAL.

Agora, você está pronta para começar a cultivar uma nova forma de pensar: "Sabe de uma coisa? Vou organizar isso mais tarde" Ou: "As coisas estão muito loucas esta semana. Vou delegar algumas tarefas até que o ritmo diminua um pouco" Ou: "Preciso preparar o jantar e ainda nem comecei a elaborar a apresentação para a reunião de amanhã. Sabe de uma coisa? Vamos pedir pizza esta noite!". Essa nova sensibilidade lhe dará uma sensação incrível e agradável de alívio – alívio das pressões interiores, das preocupações, da ansiedade e da culpa. Além disso, você sentirá uma redução enorme do desgaste físico e mental decorrente da corrida insana e desnecessária para atingir um estado inatingível de perene equilíbrio.

Procure definir pequenas situações de equilíbrio em sua vida que você pode controlar – pelo menos a maior parte – e aceite as coisas como elas são.

Por exemplo: Coloque a maioria das suas contas no débito automático em seu banco, assim saberá que não haverá desequilíbrio na manutenção básica de sua casa. Não consegue cuidar de suas plantas em casa, porque está cansada demais para lembrar de aguá-las? Compre orquídeas e cactos para o seu escritório – eles precisam de pouca água. Deixe como está a bagunça em sua mesa. Depois de uma boa noite de sono, poderá arrumá-la. Cuidar da sua casa a deixa louca? Divida as tarefas com seu marido ou contrate uma faxineira. Siga o exemplo de Lesley Alderman:

> É muito bom ter uma casa sempre arrumada. Eu me sinto melhor quando as coisas, estão em ordem. Mas, quando chego em casa, tudo está um caos e penso: "Ai! Os brinquedos das crianças estão espalhados, uma verdadeira bagunça". Então, apenas digo: "Tudo bem. Vou cuidar disso mais tarde". Ou: "Vou conversar com as crianças e com meu marido para eles me ajudarem". Decidi manter a sala de estar arrumada e limpa, assim consigo ter um lugar sempre organizado em casa. Contudo, a cozinha está sempre caótica. Procuro respirar fundo e aceitar a situação, dizendo: "Não vou me preocupar com isso". Porque, de outra forma, ficaria sempre zangada e muito, muito estressada.

Disse Buda: "A vida é luta". *Luta* significa desequilíbrio. Luta e desequilíbrio são eventos normais da vida. O equilíbrio não é normal. Compreender isso conduz à liberdade.

Seu sucesso no trabalho e em casa deve ser avaliado a longo prazo

Não se pressione para ter uma carreira bem-sucedida e, ao mesmo tempo, uma vida pessoal perfeita em cada momento de cada dia. Lembre-se:

A VIDA É LONGA.

Anote essa mensagem em um cartão e coloque-o perto do telefone para lhe dar forças em momentos especialmente difíceis. Faça outros cartões com a frase e espalhe-os no carro, no escritório, em sua carteira, na porta da geladeira. Em outras palavras, tenha em mente que você tem um longo tempo pela frente para fazer as coisas darem certo. O que conta é que você está fazendo o melhor para isso todos os dias.

Porém, medir o seu sucesso a cada momento é desaconselhável. As mulheres e homens bem-sucedidos que conheço não pensam em equilibrar suas vidas profissionais e pessoais a cada instante; pensam muito mais em termos gerais e a longo prazo. Desse modo, não se preocupam com determinados aspectos da vida, nem com seus desequilíbrios, e podem concentrar sua energia na prioridade do momento, seja no trabalho, seja em casa.

Para alcançar sua grandeza, é preciso ser um tanto míope. Por quê? Porque, às vezes, você precisa se dedicar totalmente ao seu trabalho, sem deixar que outras preocupações desviem a sua atenção. Em seu livro *Bird by Bird: Some Instructions on Writing and Life* [*Um Pássaro de Cada Vez: Algumas Orientações sobre Escrita e Vida*], publicado pela Anchor em 1995, Anne Lamott discorre sobre a virtude de aprender a escrever ignorando a agitação da vida: "O perfeccionismo significa você procurar desesperadamente não deixar muita bagunça para arrumar. Porém, a desordem e a sujeira nos mostram o que é viver de verdade". Em outras palavras, para as coisas acontecerem, é preciso fazer uma coisa de cada vez.

Liberte-se das fórmulas

Nenhuma fórmula serve para tudo e para todos.

Tenho conversado com jovens recém-formadas que me perguntam: "Quais são as suas dicas? O que devemos fazer?". Uma das minhas dicas se refere ao fato de que algumas mulheres têm uma grande tendência a serem incríveis planejadoras. Tenho conversado, por exemplo, com jovens que concluíram seus MBAs e que dizem: "Vou trabalhar na empresa X e, em três ou cinco anos, vou ter um filho". Assim, elas fazem todo um plano, mesmo sem terem encontrado um homem para se casar. Sem ter sequer começado a sua carreira para ver se gostam dela. Olho para isso e aconselho o seguinte: se você está tão comprometida em realizar um plano rigoroso, acabará perdendo ótimas oportunidades que estão bem debaixo do seu nariz simplesmente porque elas não faziam parte do seu plano.

Tanya Styblo Beder, CEO da unidade de investimentos de risco do Citigroup Alternative Investments, Tribeca Global Management LLC.

Libertar-se das fórmulas e dos planos rigorosos lhe dará a condição necessária para você maximizar suas competências, seus talentos e sua visão, sem se sentir culpada por concentrar-se em sua ambição. Lute por ela. Você está livre para persegui-la.

Entretanto, mesmo em períodos de intenso trabalho, isso não significa esquecer os outros aspectos de sua vida. Tal fato nos leva ao próximo passo para integrar a sua ambição a uma vida harmoniosa.

Aprenda a mudar o foco quando necessário

É verdade, muitas mulheres bem-sucedidas que conheço passam por períodos de intenso desequilíbrio em suas vidas. Também posso dizer que muitas dessas mesmas mulheres têm a habilidade de mudar o foco de sua atenção e energia sempre que necessário. Isso significa que elas são capazes de entrar e sair de qualquer situação, ao mesmo tempo em que são produtivas e hábeis para interagir efetivamente com vários tipos de pessoas, do chefe aos filhos, do marido aos clientes, do namorado aos amigos. A capacidade de alternar o foco de sua atenção lhes permite uma interação completa com os outros. Inclusive em casos extremos como este: Barbara Corcoran havia acabado de subir ao palco de um auditório lotado para dar uma palestra, quando o seu celular tocou. Diante do público e em um estilo muito pessoal, ela pegou o aparelho, verificou quem a chamava, olhou para a sua platéia e disse: "Por favor, perdoem-me um instante. É meu filho de 7 anos e preciso saber se ele está bem", o que ela fez em cinco segundos, retomando em seguida o que estava dizendo sem perder o controle da situação. Ao final, sua apresentação foi aplaudida de pé. Se ela não houvesse atendido a chamada, teria sido incapaz de se concentrar na palestra, apenas pensando: "Meu filho estará bem?". Assim, ela nos ensinou algo muito importante: a autenticidade tem um apelo irresistível, por isso, é mais fácil e melhor ser você mesma em qualquer situação.

Como Barbara, as mulheres (e os homens) felizes que conheço sabem que, se forem capazes de alternar sua atenção entre uma atividade e outra com rapidez, estarão totalmente presentes em cada momento de sua vida. Não importa o que estejam fazendo, existe um desequilíbrio no sentido de que uma coisa está sendo priorizada em relação a outra (naquele determinado momento), mas ao menos quando sua atenção se voltar para o assunto menos prioritário em outro momento, elas estarão realmente concentradas nele. Desenvolver essa capacidade exige que você compreenda e saiba definir suas prioridades, sem a ilusão de que sempre será possível equilibrá-las ou que sempre conseguirá dedicar a elas o tempo que pretendia.

Lembre-se: ter desejos e prioridades ao mesmo tempo é perfeitamente aceitável. Por isso, você pode aprender a pôr em prática sua nova habilidade de alternar deliberadamente sua atenção entre uma atividade e outra.

Por fim, pode ainda afinar seus instintos para decidir quando deve estabelecer limites mais rigorosos ou mais flexíveis.

Existe mais de uma maneira de satisfazer uma necessidade

Se você não consegue dar à sua família toda a atenção de que ela precisa, então, dê uma atenção relevante, quer dizer, aquela que é pertinente às suas necessidades imediatas. Se não passa muito tempo com seus filhos – provavelmente a queixa mais comum entre as mães que trabalham fora

–, encontre outras maneiras de satisfazê-los. Para que eles não se sintam negligenciados, procure novas formas de fazê-los se sentirem amados e cuidados. Observe o que eles querem ou de que se sentem privados e, então, seja criativa e intensa no momento de atender a alguma necessidade específica.

Um dos aspectos que mais preocupam as mães que têm carreiras profissionais é não serem capazes de exercer influência suficiente na vida dos seus filhos, porque estão ausentes boa parte do tempo. O que os olhos não vêem o coração não sente, como diz o ditado. Se essa é a sua preocupação, o que você pode fazer para ser mais influente na vida deles? Deseja influenciar seus valores, objetivos, amizades, auto-estima, deseja fortalecê-los para lidar com desafios e o perigo, e assim por diante. Preste atenção na forma como seus filhos aprendem, como são influenciados pelos outros, e use toda essa informação a seu favor. Aproveite todo o tempo disponível para oferecer o máximo de atenção, demonstrar o seu amor e fazê-los se sentirem seguros e amparados. Observe os seguintes exemplos.

- Você pode levar seu filho à escola e/ou buscá-lo mais tarde algumas vezes por semana? Aproveite o tempo do trajeto a fim de fortalecer o seu relacionamento com ele e ouvi-lo atentamente. Cuidado para não transformar esses momentos nos Sermões da Mamãe. Crianças adoram se sentir ouvidas e levadas a sério, assim, deixe-as livres para se expressar. Desse modo, elas saberão que podem contar com a sua total atenção nesses momentos verdadeiramente prazerosos e cheios de afeto.
- Aproveite toda a oportunidade que tiver com seus filhos para falar de assuntos importantes. Lembre-se de que a sua atenção aqui é mais significativa do que o assunto em si. Por exemplo, você pode descobrir muito sobre o modo como sua filha se relaciona socialmente apenas deixando-a falar sobre seus amigos. Quando você demonstra interesse verdadeiro e respeito, faz com que essas pequenas trocas fortaleçam não apenas a auto-estima dela, mas tam-

bém a ligação e a confiança entre vocês duas. Talvez você encontre alguma dificuldade para estabelecer esses momentos no início, mas eles se mostrarão valiosos no futuro.

- Tempo valioso é tempo compartilhado. Disponha-se a transportar seus filhos e os amigos deles para a escola, o futebol, as aulas de dança, o cinema. Sejam crianças ou adolescentes, eles conversam animadamente entre si, como se você nem estivesse lá. Por isso, essas são ótimas oportunidades para observar o comportamento de seu filho com os amigos e saber o que se passa em seu círculo social e de amizades. Tome a iniciativa e coordene um esquema de rodízio com os outros pais.
- Seja voluntária na escola de seus filhos de forma regular. Participe do conselho de pais, da organização de eventos comemorativos, de campanhas e projetos sociais ou de atividades administrativas.
- Participe. Esteja presente na vida de seus filhos de alguma maneira. Faça o que for preciso, mas não deixe de assistir às reuniões de pais. Participar significa tudo. Oferece segurança emocional. Mostra a seus filhos que você se importa; que ter um emprego não quer dizer que você não é uma boa mãe. Sempre que possível, esteja presente nas atividades escolares, em suas apresentações e comemorações, esteja lá para aplaudi-los e reconhecer o trabalho deles. Acompanhe a lição de casa, ouça o que eles têm a dizer, organize suas festas de aniversário. Faça-os saber que você está lá, pois é assim que eles vão entender que você se importa.
- Quando a sua presença for impossível, ligue para seus filhos. Nesses momentos, o celular pode ser muito útil, não apenas para estar em contato com seus filhos, mas também para se comunicar com seus clientes nos momentos em que você estiver com as crianças.
- Escolha livros e filmes que combinem com a sensibilidade de seus filhos. Depois, converse com eles sobre os pontos que mais lhes interessaram. Limite o tempo que passam em frente à TV para aumentar o tempo ao seu lado.

- Outra boa idéia é assistir à televisão com seus filhos. Virginia Beane Rutter, analista do Instituto C. G. Jung e autora de *É uma Menina: Como Desenvolver a Auto-Estima de Nossas Filhas* e *Embracing Persephone* [*Abraçando Perséfone*], aconselha as mulheres a fazer justamente isso. Ela também sugere que as mães aceitem o convite das adolescentes para visitar sua página na internet, como os *fotoblogs*; assim, você terá uma ótima visão a respeito da auto-imagem de suas filhas, seus relacionamentos com amigos e namorados e o tipo de orientação que elas, explícita ou implicitamente, querem de você. Os filmes, programas e a mídia que vêem, assim como a música que ouvem ou os livros que lêem são espelhos de suas mentes – ao observar seus interesses, podemos conhecer sua sensibilidade e suas perspectivas de vida e, desse modo, entender melhor de que maneiras nosso conhecimento e experiência de vida podem ajudá-los a ver o mundo e as suas vidas também de outros pontos de vista. Se você realmente deseja compreendê-los, conheça tudo o que eles gostam, tudo o que lhes interessa; então, de maneira descontraída, converse sobre essas coisas naqueles momentos em que vocês passam juntos. Eles recebem uma grande carga de informações da indústria cultural. Esteja lá para ajudá-los a interpretá-las.

Demonstre todo o seu amor

Se você se preocupa em preservar o seu relacionamento com marido, filhos ou amigos, encontre novas formas de demonstrar todo o seu amor. Jamais subestime o poder que existe no simples fato de deixá-los saber que você os ama e que procura sempre fazer o melhor por eles. Essa atitude transmite uma mensagem certa: que você se importa com eles de verdade e que se esforça para ser uma boa companheira, mãe ou amiga, simplesmente porque o seu amor é incondicional. Procure dizer: "Gostaria de assistir ao seu jogo de futebol na quinta-feira, mas não posso. Porém, aconteça o que acontecer, estarei lá para vê-lo no sábado". Em outras palavras, a mensagem é que você não pode fazer tudo por eles, mas se esforçará para fazer o possível. Somente esse esforço já demonstra o seu amor.

Quando me transferi para Nova York, meu filho preferiu ficar com o pai. Para não perder minha ligação com ele, assumi o compromisso desgastante de atravessar o país para vê-lo uma vez por mês. Assim, mesmo não estando juntos na maior parte do tempo, ele sabia que eu movia céus e terras para estar com ele todos os meses. Por isso, ele também sabia que o meu compromisso com ele era inabalável.

Vale a pena enfatizar: existe mais de uma maneira de satisfazer uma necessidade. Não se trata de tempo, mas precisamente de sermos criativas.

Temos aqui dois exemplos de mulheres famosas. Numa entrevista, a filha da jornalista Barbara Walter contou que, quando era criança, sua mãe viajava muito, mas ela tinha certeza de que era amada. Sempre que Barbara retornava de uma viagem no meio da noite, ela largava as malas e ia direto para o quarto da filha. O fato de sua mãe fazer questão de vê-la imediatamente ao chegar a fez sentir o quanto era querida de verdade. Mesmo quando a filha dormia, Barbara a acordava para abraçá-la. Não importava o quanto a jornalista precisava trabalhar, sua filha era a coisa mais importante em sua vida. Para a filha, ter consciência disso era o suficiente para ampará-la na ausência da mãe.

Por sua vez, a atriz Whoopi Goldberg, no documentário de Rosanna Arquette, *Searching for Debra Winger* [*Em Busca de Debra Winger*], conta que, no início, sua carreira exigia muita dedicação e tempo. Whoopi teve dificuldades em explicar essa mudança à filha. "Foi difícil para ela entender. Tomei a decisão consciente de seguir em frente com minha carreira, à custa da ausência de minha filha. Se eu não tivesse feito o que fiz, acho que teria sido uma mãe bem pior. Eu estaria mais presente, é claro, mas não teria sido feliz."

Provavelmente, muitas mulheres discordarão dessa idéia, mas acredito ser pior abandonar seus sonhos do que estar longe dos filhos. Você será uma mãe melhor se estiver realizada e feliz. Quem deseja ter uma mãe infeliz? Além disso, à medida que as crianças vão crescendo, serão mais capazes de entender suas escolhas.

Em vez de sacrificar seu ego ambicioso, crie estratégias para evitar problemas. É preciso organizar nosso tempo não apenas para preservar nossos relacionamentos pessoais, mas também para não prejudicar nossa carreira. Por exemplo, se você deseja ter um filho, tome todas as providências para não perder o emprego depois.

Abandonar não é apenas deixar alguém – se você estiver na mesma sala com seus filhos, desejando estar em outro lugar, eles se sentirão abandonados, rejeitados. De certo modo, isso é pior do que se você estivesse ausente. Não querer estar com alguém é uma forma de abandono. Por isso, essa questão não é tão simples como pensar: "Bastará eu ficar em casa para meus filhos não se sentirem desamparados". Minha cara, se você é ambiciosa e deseja ter uma carreira, mas desiste para ficar em casa com as crianças, adivinhe o que acontecerá? Elas se sentirão abandonadas de qualquer maneira; por acaso, você pensa que elas não sentem a sua infelicidade? Portanto, prefira a integração; prepare-se para esperar e aceitar o desequilíbrio. É uma solução muito mais feliz.

Você também tem a opção de não ter filhos

Muitas vezes, querer ter um filho provém de um poderoso instinto biológico. Um instinto legítimo, sem dúvida. No entanto, a biologia deve, de fato, ser obedecida? O que você precisa é perguntar-se: minha vida será melhor se eu atender ao chamado da natureza? Serei capaz de arcar com a enorme responsabilidade de criar uma criança, sabendo que passo tão pouco tempo em casa? Vou superar esse impulso?

Esse apelo biológico leva uma mulher a pensar que ela é obrigada a passar pela experiência da maternidade simplesmente porque é fisicamente equipada para dar à luz. Entretanto, nem todas as mulheres são emocionalmente preparadas para criar, cuidar e educar um ser humano por pelo menos dezoito anos de sua vida. Enquanto seu corpo deseja uma gravidez, ela pensa ternamente em segurar seu lindo bebê nos braços. Conhecemos muitas mulheres que dizem o tempo todo: "Eu realmente quero ter um bebê". O problema é que você, na verdade, não terá um bebê, mas sim um ser humano. Eles são bebês por apenas um piscar de olhos. Crescem muito rápido e logo você percebe que sua escolha terá conseqüências bem maiores do que imaginou e pelo resto de sua vida. Se você não se sente incondicionalmente preparada para amparar uma pessoa e cuidar dela por toda a vida, não tenha um filho.

É preciso avaliar se você se sente inclinada a ser mãe apenas porque a natureza permite. Se você sabe que sua carreira, que é fundamental em sua vida, vai exigir de cinqüenta a setenta horas semanais de trabalho até você envelhecer, por que ter um filho e ser obrigada a deixá-lo aos cuidados de outra pessoa? Louise Nevelson, escultora reconhecida, só percebeu que não era predisposta para a maternidade depois do nascimento do filho. Seu desejo era dedicar-se integralmente ao trabalho, que exigia longas horas de concentração em seu ateliê. Mais tarde, admitiu ter dado pouca atenção ao menino, porque sua arte era mais importante para ela. "Sou uma artista", disse. "É minha alma". O problema, claro, é que seu filho precisava de uma mãe, e ela só estava disponível para ele alguns minutos por semana. Naturalmente, ele guarda certa mágoa da mãe, e ninguém pode culpá-lo por isso.

É possível ser uma boa mãe e ter uma ótima carreira ao mesmo tempo, mas nem sempre. Se você realmente quiser se dedicar aos negócios, à medicina, à carreira acadêmica, enfim, precisará avaliar cuidadosamente se terá tempo e energia suficientes para também se dedicar à maternidade. Você precisa dar à luz para se sentir realizada? Oprah Winfrey disse uma vez que adorava crianças. Contudo, ela reconheceu que ser uma boa mãe exigiria muito de si mesma e, então, percebeu que não poderia sacrificar-se tanto. Se não pudesse fazer um ótimo trabalho como mãe, preferia não ter filhos. Por sua vez, a atriz Katharine Hepburn disse: "Eu era uma mulher ambiciosa e sabia que não teria filhos. Queria liberdade total". A comediante Ellen DeGeneres afirmou: "Olha, eu amo as crianças. Porém, também adoro ser livre para fazer o que quero quando quero". Outras mulheres acreditam que recusar a maternidade é um imperativo moral. Para a escritora Marguerite Yourcenar, "deixar livros como seu legado é ainda mais belo. Já existem muitas crianças no mundo". Já a atriz Helen Mirren afirmou: "Não ser mãe é uma contribuição à ecologia mundial".

Além disso, mesmo que você tenha um forte instinto maternal, poderá satisfazê-lo de outras maneiras. Por exemplo, Oprah investiu 40 milhões de dólares na fundação da Academia Oprah Winfrey de Liderança para Meninas na África do Sul. Existem autoras que consideram seus livros infantis como seus filhos e também como um presente para as crianças. Tenho amigas que são voluntárias em organizações de assistência social dirigidas a crianças. Mulheres de negócios experientes encontram grande satisfação em orientar jovens que iniciam a vida. A necessidade de cuidar de alguém e de transmitir algo não precisa ser satisfeita, rigorosamente, por meio da maternidade. Existem muitas outras formas de ser mãe.

A atriz Janeane Garafalo observou que "as pessoas acham que você é uma mulher horrível e egoísta se não quiser ter filhos". Isso porque muitos não percebem que, quando uma mulher escolhe não ser mãe, talvez ela esteja tomando a decisão mais responsável de sua vida.

Raramente, a vida é tranqüila e fácil. O problema em acreditar que uma vida equilibrada é a nossa salvação é que, na maior parte do tempo, não conseguimos equilibrar todos os nossos compromissos, as nossas demandas e responsabilidades. Alguma coisa sempre fica para trás. O segredo, aqui, é entender que isso não significa termos fracassado ou que nossa vida está fora de controle, ou ainda que sejamos incapazes ou irresponsáveis. Significa apenas que alguns dias são melhores que outros.

Ser uma mulher ambiciosa em uma sociedade como a nossa é um ato nada menos do que heróico. Se você tiver medo ou dúvidas ao lutar por sua ambição, não se preocupe. Pense no seguinte: Primeiro, você não está sozinha; e, segundo, é possível abrir mão do mito de uma vida em equilíbrio.

Ninguém é capaz de manter uma vida em equilíbrio nos moldes que a nossa cultura nos impõe. Por isso, pare de se sentir uma mulher fracassada tentando resolver a equação do equilíbrio e comece a perceber que o melhor é aceitar o desequilíbrio próprio de uma vida agitada e ter estratégias para ser uma mulher ambiciosa por completo.

Dezesseis

Ouse ser grande

Ser uma mulher ambiciosa não significa que, às vezes, a sua confiança não será abalada. Ou que suas prioridades jamais serão conflitantes. Contudo, sua ambição vai ampará-la e incentivá-la mesmo quando não puder acertar outras coisas em sua vida.

Como você, eu também encontro obstáculos no meu caminho. Em momentos de dificuldade, é muito comum nos sentirmos frágeis e, até mesmo, nos submetermos às crenças culturais que nos obrigam a assumir determinados comportamentos. Aconteceu comigo quando meu filho quase morreu.

Em 14 de julho de 2005, acordei de madrugada com um telefonema me informando que meu filho Devin, então com 17 anos, havia sofrido um acidente de carro e que havia sido levado para um hospital há mais de 4 mil quilômetros de distância de minha casa. Embarquei no vôo das 7 horas da manhã para São Francisco e no caminho pensei: "Meu filho está sendo castigado por minha ambição?". Afinal, eu havia priorizado meu trabalho, sobretudo nos últimos tempos. Se eu tivesse me dedicado mais a ele, o acidente teria acontecido? Senti uma enorme culpa. Desde que eu mudara para Nova York, Devin morava com o pai, o que significou passarmos menos tempo juntos.

Durante a viagem, tive tempo de avaliar alguns itens típicos de uma mãe que se sente culpada. Larguei meu filho em creches.

Arrastei-o por um divórcio difícil. Neguei-lhe aquela incrível bicicleta e também uma escola melhor enquanto eu me formava. Casei-me de novo. Mudei-me para longe dele. E o pior de tudo: por vários meses, coloquei o trabalho na frente da minha família. Quem se lembraria agora que me esforcei a vida toda para ser uma boa mãe? Quem se importaria em saber que amo meu trabalho e que ajudei milhares de mulheres a realizar seus sonhos? Sem dúvida, os deuses estavam me castigando por ter sido ambiciosa demais, e Devin estava pagando o preço mais alto. Claro, esse pensamento era louco, irracional, mas é isso que as mulheres fazem, não é mesmo? Afinal, o que é uma boa mãe, senão aquela que recebe a graça de se sentir culpada por não colocar a família em primeiro lugar?

Por isso, como você, compreendo profundamente o que significa procurar equilibrar amor e ambição com culpa, questões financeiras e outros temas importantes em nossa vida. Compreendo bem o que significa viver todos os dias sentindo a tensão de amar o seu trabalho tanto quanto a sua família. Sou, ao mesmo tempo, mãe e profissional ambiciosa e determinada. Sem dúvida, a sua história não é menos complexa ou difícil que a minha. Compartilhamos, eu e você, o desafio de valorizar nossa ambição numa sociedade que nos nega esse direito. Por isso, sentimos o peso da crença de que pagaremos caro pelo atrevimento de amar o nosso trabalho. Por um bom tempo após o acidente de Devin, fiquei ao seu lado enquanto ele se recuperava dos graves ferimentos. Mais tarde, quando retomei o trabalho, senti um grande alívio e, pela primeira vez, verdadeiramente relaxada desde o acidente.

Voltar a ter contato com minha ambição me deu uma sensação de normalidade e a certeza de que nossas vidas voltavam ao seu curso. Minha ambição me confortava em pleno trauma. Evidentemente, tive o amor e o apoio de meu marido, Stephen, e de meu enteado, Jake. Contudo, eu precisava de algo mais. Algo mais que o afeto dos meus amigos e da minha família. Algo mais do que um remédio. Algo mais do que correr ou fazer ioga. Algo mais do que estar com meu filho durante seis semanas e acompanhar a sua recuperação. Eu precisava de algo mais para reencontrar a mim mesma e para me curar. O que eu precisava era retomar meu trabalho, minha ambição.

As influências culturais subliminares que acompanham uma mulher ambiciosa me atingiram mais uma vez alguns dias depois. Ainda me sentindo traumatizada e culpada, disse a minhas amigas que eu estava contente por retornar ao trabalho e que abriria mão de qualquer coisa para evitar o que aconteceu com meu filho. Mas, então, eu também lhes disse: "Sabem de uma coisa? Esse é um pensamento falso. Não tenho de escolher entre o bem-estar do meu filho e a minha ambição".

Mesmo quando enfrento momentos de dúvida como esses, acredito do fundo do coração que a nossa ambição é o que nos sustenta e nos tranqüiliza em todas as situações pessoais e profissionais. Não devemos nos desculpar por isso nem nos deixar abater por sentimentos de culpa ou de auto-recriminação. Ao contrário, devemos nos sentir fortalecidas e amparadas por nossa paixão pelo trabalho.

Quero ser bem clara aqui: meu trabalho não é uma rotina banal para a qual posso retornar, como se fosse uma distração ou fuga, querendo aliviar as preocupações com meu filho. Meu trabalho – e, mais especificamente, meu amor e minha paixão pelo trabalho – é bem mais do que isso. Ele me traz de volta a quem sou. É meu porto seguro, meu alimento.

Dar prioridade ao seu amor pelo trabalho significa que sempre terá uma base interior firme, a partir da qual você lança e vive sua ambição. É a sua ambição que a guiará pelos altos e baixos que todas encontramos em nossa vida.

A vida é cheia de acontecimentos inesperados, difíceis de lidar. Seu filho adoece. Você é promovida ao cargo dos seus sonhos e terá desafios enormes a enfrentar. Casa-se, mas não pode passar todo o tempo que gostaria com o seu marido. Você se separa. Adoece. Não temos controle sobre todas as coisas em nossa vida e isso pode nos abater ou nos assustar, mas a sua ambição vai ajudá-la a restabelecer o equilíbrio interior, vai reconduzi-la a quem você é de verdade.

A ambição é o meu porto seguro porque vem de dentro de mim. Ela me sustenta e me acalma. Nem sempre posso contar com o apoio dos outros, mas sei que posso contar comigo mesma todos os dias.

A vida nos faz felizes, mas também nos desaponta. As pessoas nos decepcionam. Nem sempre conseguimos tudo o que queremos. Às vezes, procuramos nos realizar por meio de nossos filhos, mas eles não podem ser nossa realização nem nosso porto seguro, pois têm a própria vida para viver. Temos de encontrar nossa realização em nós mesmas. Não podemos esperar que os outros vivam nossos sonhos por nós. Por isso, devemos alimentar a ambição que existe em nós, nossa sagrada e inviolável ambição.

Agora, quero deixar um mantra final da mulher ambiciosa:

OUSE SER GRANDE.

A partir de hoje, façamos o pacto das mulheres ambiciosas. Imaginem que vivemos em um universo paralelo, onde as mulheres não têm problemas em admitir que são ambiciosas. Como podemos definir a ambição nesse contexto? Como a força que guia nossa existência criativa, favorece a realização dos nossos talentos e paixões, define quem somos e nos possibilita ganhar tudo o que valemos, sem nos desculpar por isso.

Nesse universo, você pode ser uma amiga leal e uma ótima parceira no trabalho. Sem culpa e sem julgamento, pode ser uma ótima mãe, uma companheira carinhosa e também uma mulher com grandes objetivos na vida.

Nesse universo, a ambição de uma mulher não se reduz a um emprego. Mais do que isso, ela incorpora uma busca consciente e deliberada pela verdade e pelo significado de sua vida. Nesse universo, pela primeira vez, ela pode ver claramente como libertar-se das correntes que, no passado, sufocaram a sua ambição.

Imagine-se vivendo nesse mundo agora. Você está lá e é ambiciosa. Acredite: sua ambição é uma virtude. Entregue-se às escolhas que a fazem realizar a sua preciosa e sagrada ambição. Às vezes, você terá de fazer duros sacrifícios ou concessões. Cada uma dessas decisões representa a aceitação do fogo que arde dentro de você. Considere-as como presentes que você dá a si mesma para defender e agradar seus sonhos, para a sua carreira, para a sua vida, única e preciosa.

Ouse ser grande. Você tem a responsabilidade de realizar os talentos que trouxe consigo ao nascer e de dar ao mundo a contribuição singular que está aqui para deixar. Sabe que pode ser boa, pode ser ótima. Porém, isso não é o bastante. Eleve suas aspirações à grandeza. Lute para ser a melhor em seu campo de trabalho, a melhor naquilo que faz. Prometa a si mesma que sempre ganhará o que vale.

Eu a desafio a ter uma vida cheia de esperanças, sonhos e aspirações, e a expectativa de vê-los todos realizados. Ao escolher esse tipo de vida, quem sabe quantas pessoas vai inspirar? Jamais havia me ocorrido que meu filho Devin prestava atenção em minha carreira, até que um dia, aos 15 anos, ele me disse: "Não quero ter um emprego chato que odeio só por causa do salário no fim do mês. Acho que isso é muito triste. Quero ser como você, mãe. Você tem uma vida legal. Tem a própria empresa, viaja e decide o que quer fazer e como". Foi extremamente gratificante ver que, embora eu possa ter me atrapalhado como mãe, consegui ser para meu filho um exemplo de vida baseada no trabalho, na ambição e na paixão.

Você merece amar o seu trabalho, ser tão ambiciosa quanto deseja, ganhar o quanto vale e encontrar a realização completa. Permita-se ser fiel à sua ambição, fazer as escolhas necessárias, tomar as decisões que achar apropriadas, sem desculpas, sem hesitação. Para isso, precisará manter contato com o seu coração, com os seus desejos mais verdadeiros todos os dias. Quando construir sua vida profissional a partir desse lugar sagrado, será ricamente recompensada com criatividade e conhecimento, com oportunidades atraentes e relacionamentos pessoais mais felizes. Além disso, você ganhará o quanto merece.

A ambição é uma parte importante de nós, um componente vital e insubstituível da nossa vida. Nosso pacto é fazer dessa mensagem a nossa realidade, a nossa verdade. Então, aceitemos, cada uma de nós, ser uma mulher ambiciosa – e vamos ser como ela agora.

Como uma mulher ambiciosa que agora sabe que é – e que agora sabe que tem o direito de ser – convido-a a responder, todos os dias, à pergunta feita por Mary Oliver em seu poema "The Summer Day" [Dia de Verão], publicado em *House of Light* [*Casa de Luz*] pela Beacon Press em 1992:

Diga-me:
o que pretende fazer com a sua única,
intocada e preciosa vida?

Este livro foi impresso pela Prol Gráfica
em papel *offset* 75 g.